STICKER DICH SCHLAU!

PFERDE

Lesen, wissen, rätseln

Text von Marie Frey
Illustrationen von Carmen Hochmann

circon

BILDNACHWEIS

Czech, Alexander: 28 u., 34 u.; **dpa Picture Alliance, Frankfurt:** dpa/picture alliance 9 M., picture alliance/blickwinkel/R. Koenig 11 o., picture alliance/blickwinkel/S. Klewitz-Seemann 11 M., picture alliance/blickwinkel/K. Salminen 37, picture alliance/dpa Themendienst 44, dpa – Sportreport 66 o.; dpa – Fotoreport 69 u.; **Fingerle, Ute:** 69 o.; **fotolia.com:** bilderstoeckchen 7 u., Gorilla 9 u., KK-Fotografie 10 o., f/2.8 by ARC 23 o., Jürgen Fälchle 24 o., 25, SibylleMohn 24 u., Mari_art 26 u., 38 u., acceptfoto 28 o., Conny Hagen 29 M., Bettina Kuß 30 u., Claude Calcagno 35 u., 52 u., dresden 36 M l., chrisberic 52 o., highwaystarz 64 o.; gandolf 67 M.; Ingo Bartussek 68 u.; **Frey, Marie:** 6 o., 39 o., 48 o., 50 o. + u.; **Hausleiter, Ute:** 15 o., 16 u., 18 o. + u., 19 o., 26 M., 29 o. + u., 30 o., 31 o., 35 o., 38 o., 39 u., 53 o. + u., 58 o.; mauritius images: 9 o., 15 u.; **shutterstock.com:** Lenkadan 4, Melinda Nagy 6 u., Rita Kochmarjova 7 o., 16 o., 17 o., mariait 12 o., 43, 55, 60, nigel baker photography 12 u., Croato 14, Sari ONeal 17 u., TippaPatt 19 M., Avanne Troar 19 u., VladyslaV Travel photo 21, Alexia Khruscheva 22 o., 41 M., 46 u., pirita 22 u., YanLev 23 u., Domforstock 27 o., Judy Ben Joud 27 u., horsemen 31 u., 56 u., Valeri Vatel 32, Anastasija Popova 33, 43, gorillaimages 34 o., Arina P Habich 34 u. r., Click and Photo 36 o., CustomPhotographyDesigns 36 M. r., Lubos Chlubny 38 M., yuris 40 o., fotandy 40 u., acceptphoto 41 o., michelangeloop 41 u., Eric Isselee 42 o., 55, 61, Tan4i_net 42 u., Kwadrat 43, pirita 43, Vitezslav Valka 43, brown32, Irina Iglina 43, MOSAIC 43, Rvector 43, stockfour 45 o., WOLF AVNI 45 u., Ahturner 46 o., Eduard Kyslynskyy 47 o.; Osetrik 47 u., Jari Hindstroem 49, Phovoir 51, Osetrik 54, BlueRingMedia 55, Makarova Viktoria 55, Rita_Kochmarjova 55, Alexia Khruscheva 55, HappyPictures 55, Erik Lam 61, Voronina Svetlana 61; Rätsel-Sticker: cynoclub 13, 43, Harald Schmidt 13, Eric Isselee 13, Zuzule 13, 20, Kozlik 13, Vera Zinkova 20, Callipso88 20, Ivan Nakonechnyy 20, Osetrik 20, Orfeev 20, Sahara Prince 21, nigel baker photography 21, Rita_Kochmarjova 21, John Raptosh 21, ashkabe 21, Vaillery 32, nuu_jeed 32, Ladanifer 32, Federico Magonio 32, Helga Miller 32, CameraCraft 32, SunshineVector 33, MOSAIC 33, Olga Zakharova 33, Roxana Kropp 33, Superheang168 43, Nataly Studio 43, Lotus Images 43, teh_z1b 43, Lukiyanova Natalia/frenta 62 u.; Fotokostic 63 o.; Kevin Day 64 M.; Cheryl Ann Quigley/Shutterstock.com: 67 o.; Christian Wilkinson/Shutterstock.com: S. 68 o.; Mikhail Pogosov 69 M.; Spaß-Sticker: Rita_Kochmarjova, Shchipkova Elena, Callipso88, Erica Hollingshead, horsemen, Makarova Viktoria, Eric Isselee, mariait, Plotitsyna NiNa, Abramova Kseniya, Olga_i, Naurider, Alexia Khruscheva, pfluegler-photo

Baierbrunner Straße 27, 81379 München
Ausgabe 2024

Text: Marie Frey (Wissen), Karolin Küntzel (Rätsel)
Illustration: Carmen Hochmann
Redaktion: Jennifer Döhring
Fachredaktion Wissen: Renate Ettl
Produktion: Ute Hausleiter
Abbildungen: siehe Bildnachweis oben
Titelabbildungen: U1: shutterstock.com: Rita_Kochmarjova (Hauptmotiv), pirita (Springreiterin), Callipso88 (Rappe), Emilio100 (Hufeisen); adobestock.com: annaspoka (Glühbirne), Hubba Bubba (Sticker);
U4: shutterstock.com: Anastasija Popova (o.), Eric Isselee (u.); adobestock.com: Abdie (Hintergrundelemente)
Gestaltung: Enrico Albisetti (Wissen), Editors Genie (Rätsel)
Umschlaggestaltung: Irina Gilgen, Köln

ISBN 978-3-8174-4684-1
381744684/1

www.circonverlag.de

INHALT

MEIN PFERD UND ICH 4

Anatomie des Pferdes 4
Pferderassen und Fellfarben 8
Sticker Rätsel dich schlau! 12
Wesen, Verhaltensweisen, Herdenverhalten 16
Sticker Rätsel dich schlau! 20
Beziehung und Kommunikation mit dem Pferd 22

HALTUNG UND PFLEGE 24

Pferde putzen 24
Ausrüstung fürs Pferd 28
Sticker Rätsel dich schlau! 32
Ausrüstung für den Reiter 34
Hufe und Hufeisen 38
Pferde füttern 40
Sticker Rätsel dich schlau! 42

REITEN LERNEN UND MEHR 44

Bodenarbeit 44
Halftern, Trensen und Satteln 48
Auf- und Absitzen 52
Sticker Rätsel dich schlau! 54
Gangarten 56
Reiten in der Bahn 58
Sticker Rätsel dich schlau! 60

SPEZIAL 61

Lösungen 70
Register 72

Anatomie des Pferdes

Ein Pferd hat vier Hufe, einen langen Schweif und einen großen Kopf mit großen freundlichen Augen und zwei flauschigen Tütenohren – das weiß jeder! Aber wie gut kennst du dich mit dem Körperbau deines Lieblingstiers wirklich aus?

DAS PFERD VON AUSSEN

Was man von außen sieht, nennt man beim Pferd das *Gebäude*. Wenn man das Erscheinungsbild eines Pferdes beschreiben möchte, spricht man vom *Exterieur*. Das ist französisch und heißt „außen“ oder „Äußeres“.

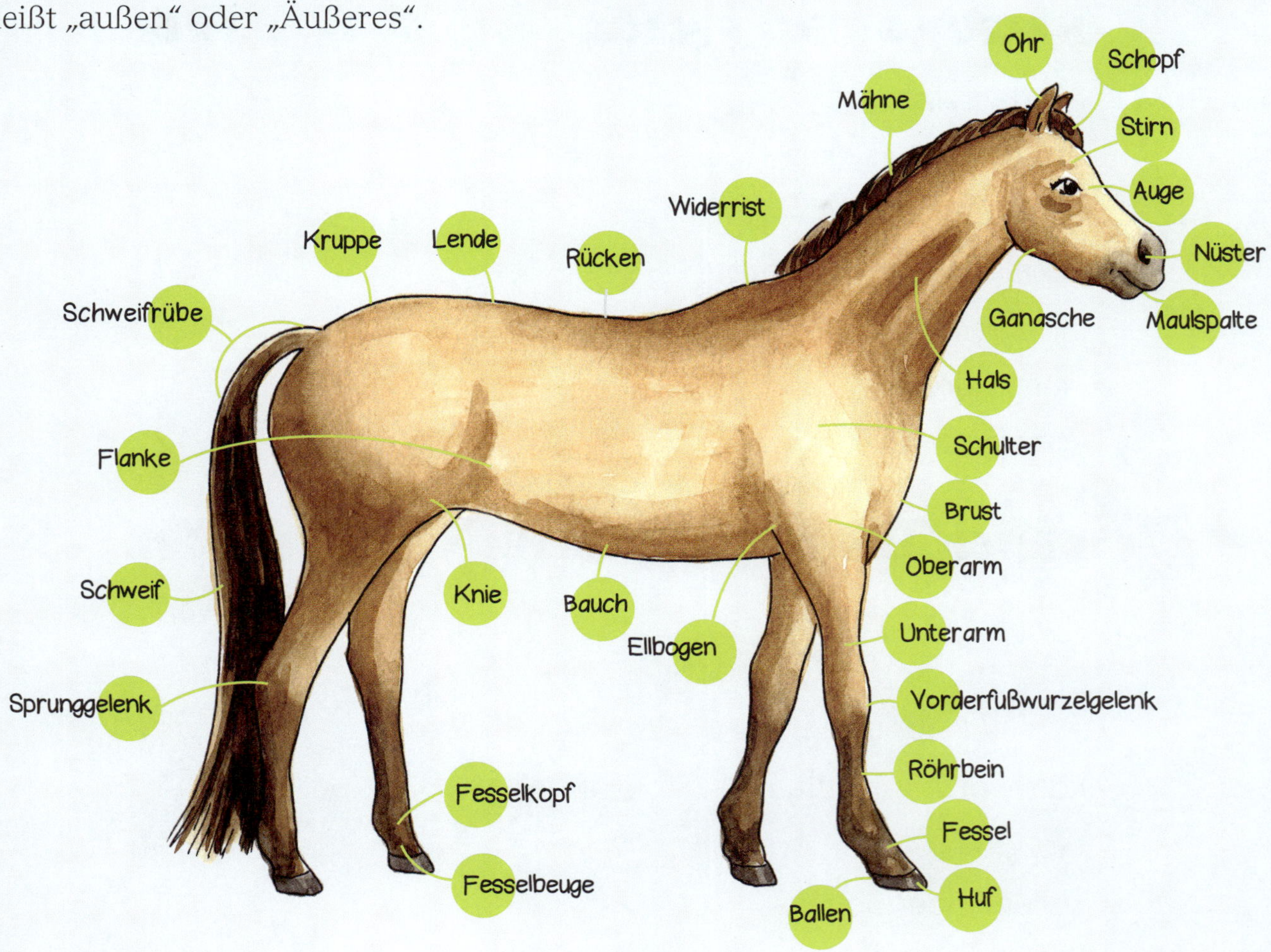

Ohr
Schopf
Mähne
Stirn
Auge
Widerrist
Nüster
Kruppe
Lende
Rücken
Schweifrübe
Ganasche
Maulspalte
Hals
Flanke
Schulter
Brust
Oberarm
Schweif
Knie
Bauch
Ellbogen
Unterarm
Sprunggelenk
Vorderfußwurzelgelenk
Röhrbein
Fesselkopf
Fessel
Fesselbeuge
Huf
Ballen

DIE PFERDEBEINE

Was du oben am Bein siehst, ist der *Oberarm*, dann kommen der *Ellbogen* und der *Unterarm*. Und schließlich folgen das *Röhrbein* und an dessen Ende die *Fessel*. Was fehlt noch? Richtig, der *Huf*!

Mit Interieur *(„innen“ oder „Inneres“) meint man das Wesen eines Pferdes, also seinen Charakter.*

DER RÜCKEN

Der Rücken eines Pferdes ist wie eine Hängebrücke aufgebaut. Mit seinen starken Bauch- und Rückenmuskeln kann das Pferd diese Hängebrücke so anheben, dass es dich oder auch einen etwas schwereren Reiter tragen kann.
Wenn das Pferd seine *Bauchmuskeln* anspannt, wölbt sich sein Rücken nach oben. So macht es ihm nichts aus, bis zu einem Fünftel seines eigenen Gewichts zu tragen.

Anatomie zum Erleben!

Geh doch mal auf alle Viere und spanne deinen Bauch an, indem du den Bauchnabel nach innen ziehst. Was passiert mit deinem Rücken?

DER HUF

Der Huf besteht aus widerstandsfähigem Horn. Im Inneren des Hufes liegt das *Hufbein*, das ist der unterste Knochen des Pferdebeins.

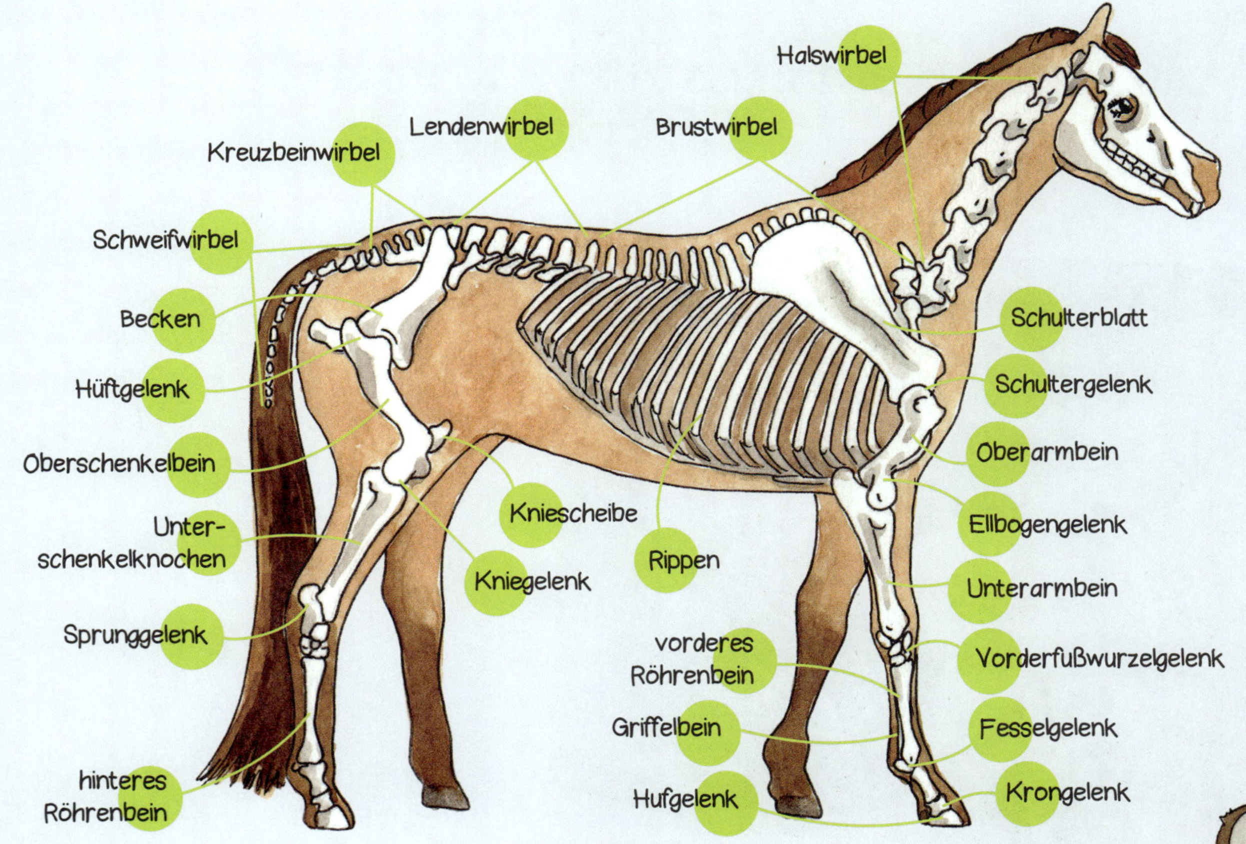

PFERD UND MENSCH IM VERGLEICH

Schau genau hin: Das Skelett des Pferdes ist gar nicht so anders als unseres! Wir Menschen haben aber einen Knochen, den Pferde nicht haben! Wenn du den kennst, bist du echt ein Pferdekenner!

Lösung: Schlüsselbein

BEISSEN UND MAHLEN

Stuten haben 36 bis 40 Zähne, Wallache und Hengste haben 40 bis 44 Zähne. Mit den Schneidezähnen beißen sie das Gras ab, das sie dann mit den Backenzähnen zermahlen.

MILCHZÄHNE?

Weißt du noch, wann du deinen letzten Milchzahn verloren hast? Fohlen verlieren auch nach und nach ihre ersten Zähne. Erst mit ungefähr sechs Jahren hat das Pferd sein endgültiges Gebiss.

Auch dein Pferd muss zum Zahnarzt!

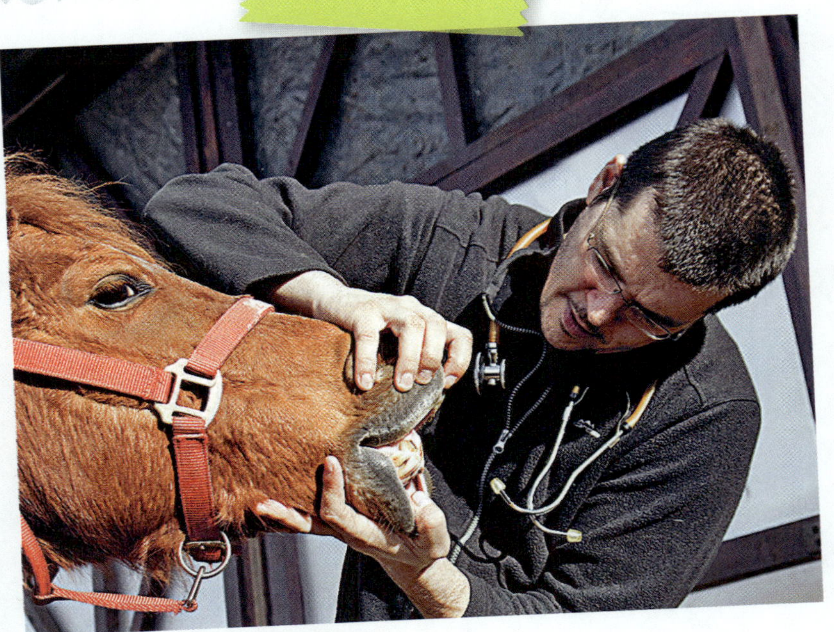

Die Zähne des Pferdes müssen regelmäßig untersucht werden, denn manchmal haben Pferde Zahnprobleme und können dann nicht mehr so gut fressen oder die Zähne tun ihnen weh, wenn beim Reiten das Mundstück im Maul liegt. Bei den meisten Pferden müssen ungefähr einmal im Jahr die Zähne kontrolliert und manchmal abgeschliffen werden, damit sie wieder gut kauen können.

Achtung, nicht verwechseln!

Mit „Gebiss" können die Zähne gemeint sein, aber auch das Mundstück an der Trense, an dem die Zügel befestigt sind!

MAGEN

Wie viele Mägen haben Kühe? Vier! Das Pferd kommt mit nur einem Magen aus. Dort passt aber nicht so viel hinein, deshalb fressen Pferde lieber über den ganzen Tag verteilt ein bisschen, als sich zwei oder drei Mal am Tag mit einer Riesenportion den Bauch vollzuschlagen. Am besten ist es, wenn das Pferd immer wieder *Raufutter*, also Heu und Stroh, und im Sommer auf der Weide Gras zur Verfügung gestellt bekommt.

Hihi, das stimmt. Pferde wollen wirklich den ganzen Tag fressen. Mein Sternchen würde nie Nein sagen, wenn ich ihr eine Möhre oder eine Handvoll Hafer gebe. Meine Reitlehrerin hat mir erklärt, dass die Verdauung von Pferden am besten funktioniert, wenn sie keine zu langen Fresspausen haben. Wenn Sternchen das gehört hätte. Sie hätte ihr bestimmt wiehernd zugestimmt! Aber manche Pferde werden auch zu rund, wenn sie darüber selbst bestimmen dürfen.

DARM

Vom Magen kommt das Futter in den bis zu 24 Meter langen Dünndarm und wird schließlich über den Dickdarm als Pferdeäpfel ausgeschieden.

Pferderassen und Fellfarben

Es gibt unglaublich viele verschiedene Pferde. Die einen sind groß, die anderen klein, manche sind gescheckt, andere einfarbig. Wie viele Pferderassen kennst du? Und welches sind deine Lieblingspferde ...?

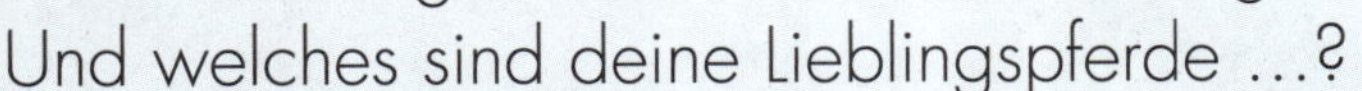

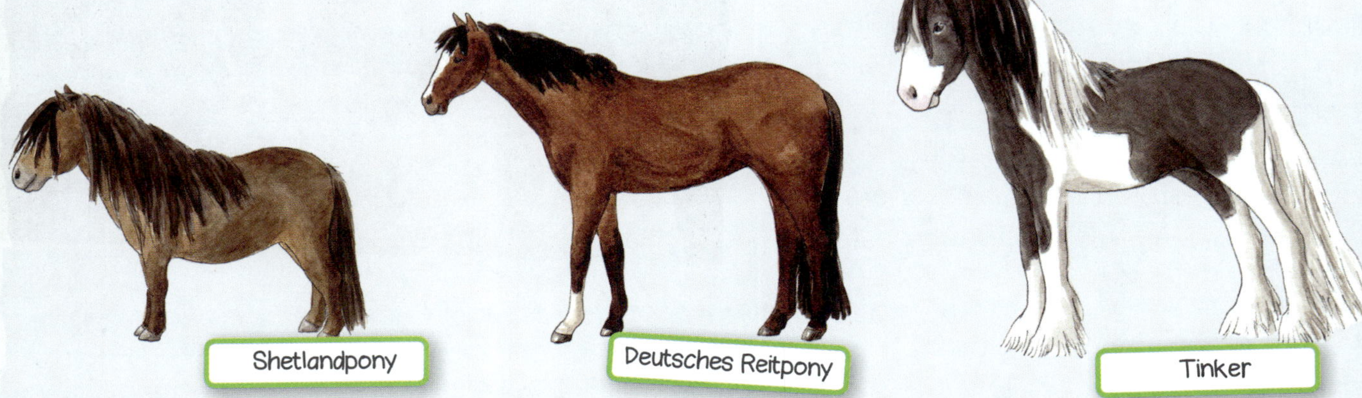

ALLE PFERDE SIND SCHÖN!

Wusstest du, dass es über 200 verschiedene Pferderassen gibt? Bestimmt hast du schon mal einen Haflinger, ein Deutsches Reitpony, ein Shetlandpony oder einen Araber gesehen. Aber kennst du dich auch mit den nicht so bekannten Rassen aus? Kannst du einen Tinker von einem Shire Horse unterscheiden? Weißt du, wie ein Knabstrupper aussieht? Auf dem Poster hinten im Buch kannst du dir die gängigsten Rassen ansehen. Erkennst du sie alle?

Ideal an die Umweltbedingungen angepasst

Ein Pferd kann zwar nicht seine Farbe ändern wie ein Chamäleon, um sich vor Feinden zu schützen, aber es konnte sich im Laufe der Evolution optimal an die jeweilige Umgebung anpassen, in der es lebte. So haben sich die vielen verschiedenen Rassen entwickelt. Die Pferde, die aus kalten Regionen wie Norwegen oder Island kommen, entwickeln zum Beispiel ein besonders dichtes Winterfell. Obwohl sie in unseren Breitengraden nicht unbedingt einen so dicken Pelz brauchen, ist ihnen dieses Merkmal bis heute geblieben.

SÜSSE ZWERGE UND MÄCHTIGE RIESEN

Wie süß! Es gibt Ponys, die nicht viel größer als 80 Zentimeter werden: Die Falabella-Ponys sind die kleinsten Pferde der Welt. Gegen so ein Minipony wirkt ein Shire Horse schon fast gigantisch! Sie können nahezu zwei Meter groß werden und zählen damit zu den größten Pferden der Welt. Auch ein Warmblüter kann bis zu 1,80 Meter groß werden. Die meisten erreichen aber ein *Stockmaß* zwischen 1,65 und 1,75 Meter. Reicht doch auch, oder?

Das winzige Falabella-Pony ...

... und das riesige Shire Horse

Klein aber oho!

Lass dich von der Größe eines Falabella-Ponys oder eines Shettys nicht täuschen. Auch sie sind Pferde und müssen artgerecht gehalten und fair behandelt werden. Sie sind keine Schmusetiere, auch wenn man sie am liebsten mit aufs Sofa nehmen würde!

PONY ODER PFERD?

Es gibt große Ponys und kleine Pferde. Ein Shetlandpony ist ein Pony, klar! Aber woher weiß man bei größeren Ponys oder kleinen Pferden, womit man es zu tun hat? Dafür gibt es eine Regel: Alle Pferde, die kleiner als 148 cm sind, werden als Ponys eingestuft. Ponys, die zwischen 1,45 und 1,48 m groß sind, nennt man Endmaßponys.

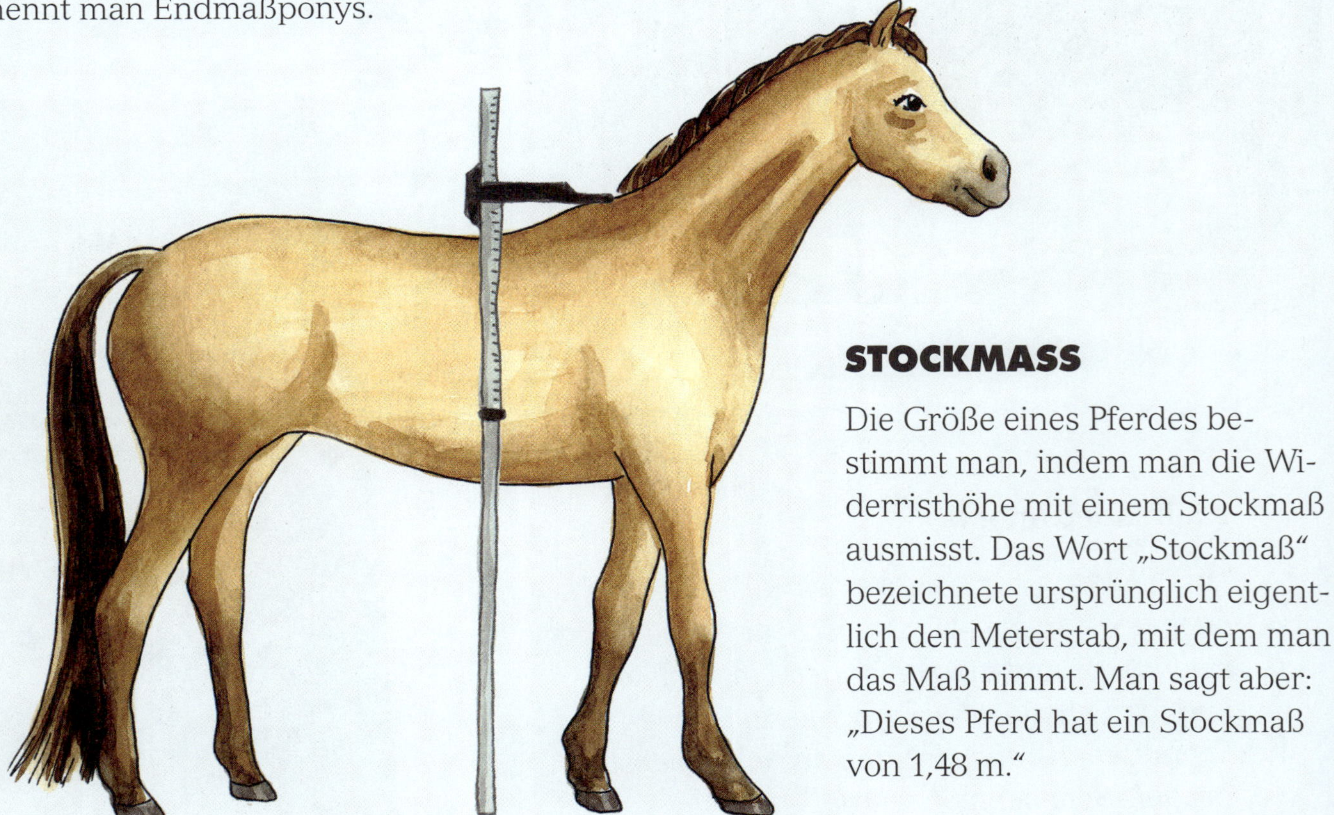

STOCKMASS

Die Größe eines Pferdes bestimmt man, indem man die Widerristhöhe mit einem Stockmaß ausmisst. Das Wort „Stockmaß" bezeichnete ursprünglich eigentlich den Meterstab, mit dem man das Maß nimmt. Man sagt aber: „Dieses Pferd hat ein Stockmaß von 1,48 m."

KALTBLUT, VOLLBLUT, WARMBLUT?

Die Einteilung in *Kaltblut, Warmblut* und *Vollblut* hat nichts mit dem Blut an sich zu tun. Durch die Adern eines *Norikers* fließt kein kühleres Blut als durch die eines *Württembergers*. Aber du kennst die Wendungen „ruhig Blut“ oder „heißblütig“. Die massigen Kaltblüter sind dafür bekannt, immer „einen kühlen Kopf zu bewahren“. Daher haben sie ihren Namen.

Schleswiger Kaltblut

Bayerisches Warmblut

Das Warmblut ist das typische deutsche Reitpferd: Bayerisches Warmblut, Württembergisches Warmblut, Trakehner ... Sicher kennst du einige aus deiner Reitschule.

Vollblüter sind rein gezogen, das bedeutet, es dürfen sich in der gesamten Zuchtlinie keine anderen Rassen finden. Echte Vollblüter sind das Englische Vollblut und der Vollblutaraber. Tatsächlich gibt es unter diesen Pferden „heißblütige“ Exemplare, die sich etwas schneller aufregen oder insgesamt ein temperamentvolleres Wesen haben. Wird ein Vollblut mit einem anderen Pferd gepaart, so entsteht ein *Halbblut*.

Die Anatomie eines Pferdes

Kennst du dich mit den Körperteilen eines Pferdes aus?
Klebe die Sticker mit den Begriffen an die richtige Stelle.

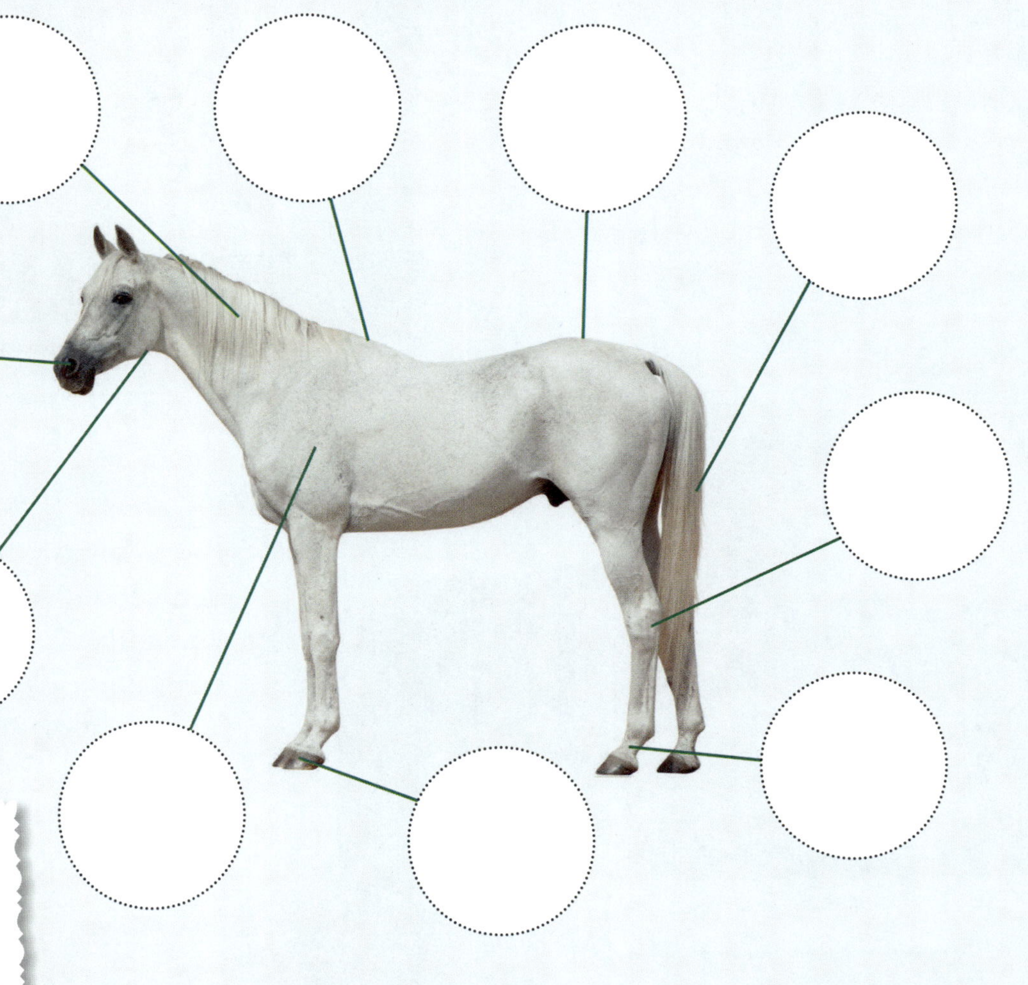

Weißt du das noch?

In der Fachsprache wird das Äußere eines Pferdes

__________________ genannt.

Spricht man vom __________________,

meint man damit seinen Charakter.

RIEXETURE

NURIETIER

Welche Rasse ist hier gesucht?

Klebe den richtigen Sticker ein und schreibe den Namen hin.

1. Ich bin das kleinste Pferd der Welt.

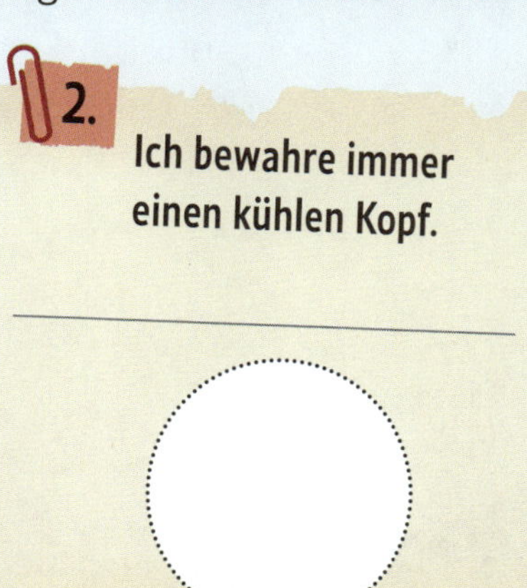

2. Ich bewahre immer einen kühlen Kopf.

3. Größer geht nicht.

4. Meine Mähne und mein Schweif sind hell.

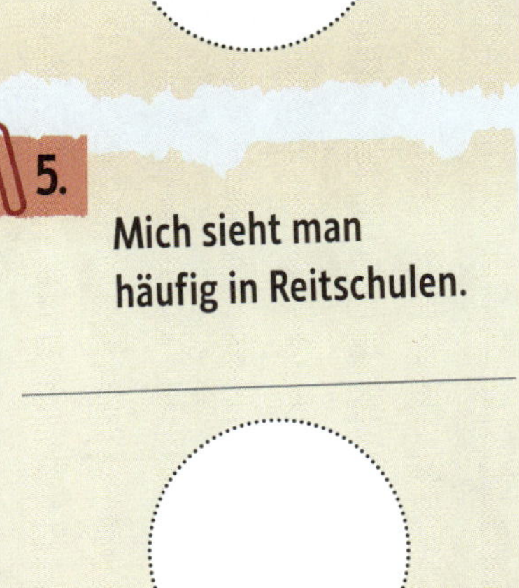

5. Mich sieht man häufig in Reitschulen.

6. Ich bin sehr temperamentvoll.

Drei Fragen, drei Antworten

Kreuze die richtige Antwort an.

1. **Mit wie viel Jahren haben Pferde ihr endgültiges Gebiss?**

a) ☐ mit einem Jahr

b) ☐ mit drei Jahren

c) ☐ mit sechs Jahren

2. **Wie viele Pferderassen gibt es?**

a) ☐ unter 100

b) ☐ 128

c) ☐ über 200

3. **Wie groß kann ein Pony werden?**

a) ☐ 1,40 Meter

b) ☐ 1,48 Meter

c) ☐ 1,52 Meter

WESTERNRASSEN

Das American Quarter Horse ist das Westernpferd schlechthin. Es ist zwischen 1,45 und 1,60 Meter groß, gut bemuskelt, schnell und wendig. Die gescheckten Quarter Horses heißen Paint Horses. Auch der Appaloosa gehört zu den Westernrassen.

FARBEN ÜBER FARBEN ...

Schimmel, Füchse, Braune, Rappen, Schecken – kennst du dich aus mit den verschiedenen Fellfarben und ihren Bezeichnungen?

Do you speak American?

So heißen die Farbbezeichnungen bei den Westernrassen:
Fuchs = Sorrel
Dunkelfuchs = Chestnut
Rotbrauner = Bay
Schwarzbrauner = Brown
Schimmel = Gray
Falbe = Dun
Rappe = Black
Isabell = Palomino

SCHWARZE FOHLEN, WEISSE SCHIMMEL ...

Wusstest du, dass Schimmel als Fohlen in ihrer Grundfarbe (schwarz, braun, fuchsfarben, gescheckt, palomino etc.) zur Welt kommen und erst später immer mehr weiße Haare bekommen oder sogar ganz weiß werden? Das nennt man „Ausschimmeln".

ABZEICHEN

SUMM, SUMM, SUMM, FLIEG UM MICH HERUM!

Die lästigen Mücken und Bremsen können im Sommer eine ganz schöne Belastung für die Pferde sein! Die meisten Pferdebesitzer sprühen ihre Lieblinge mit Insektenabwehrspray ein, manche Pferde tragen eine dünne Decke aus Netz, die die Plagegeister abhalten soll. Wissenschaftler vermuten, dass das Streifenmuster von Zebras Fliegen so irritiert, dass diese nicht gut auf den Tieren landen können. Manche malen ihren Pferden deshalb ein Zebramuster auf, damit sie von den Stechmücken verschont werden. Es gibt sogar *Fliegendecken* mit Zebramuster zu kaufen. Ob's hilft?

Aalstrich

Bei einigen Pferden verläuft eine dunkle Linie über den Rücken. Diese Linie nennt man „Aalstrich".

Zebrastreifen

Manche Pferde haben ein Zebramuster an den Beinen. Diese Streifen kommen vor allem bei Falben, Braunen und manchen Dunkelfüchsen vor und sind ein Merkmal von Wildpferden.

Wesen, Verhaltensweisen, Herdenverhalten

Hast du schon einmal Pferde auf der Weide beobachtet? Weißt du, wie sie miteinander umgehen und erkennst du die Signale, die sie aussenden?

LEITSTUTE UND LEITHENGST

Die *Leitstute* ist eine besonders erfahrene, etwas ältere Stute. Sie führt die *Herde* zu Fressplätzen und Wasserstellen, bestimmt, wann geruht oder geschlafen wird und hat bei der Flucht das Kommando. Der *Leithengst* schützt die Herde vor Gefahren und legt sich mit Feinden an. Er sorgt für Ordnung und hält die Herde zusammen.

LAUFT, SO SCHNELL IHR KÖNNT!

Eben haben sie noch ruhig gegrast. Plötzlich stürmt die ganze Herde im rasenden Galopp davon. In sicherer Entfernung halten die Pferde an. Sie schnauben laut, ihre Köpfe sind erhoben, damit sie besser in die Ferne sehen. Ihre Muskeln sind angespannt und jederzeit für einen erneuten Schnellstart bereit. Erst nach einigen Minuten beruhigen sie sich, verteilen sich neu und grasen weiter. Trotzdem spitzt die Leitstute immer ein Ohr in Richtung Gefahrenquelle: Am Reitstall wird eine Halle gebaut und eben ist der Baukran am Hof angekommen. So etwas haben sie noch nie gesehen! Die Leitstute hat dieses unbekannte langhalsige Monster als Gefahr eingestuft und ihrer Herde signalisiert: „Lauft, so schnell ihr könnt!“

RANGORDNUNG

Beobachte einmal die *Herde* auf der Weide. Da gibt es eine ganz bestimmte *Rangordnung*. Manche Pferde haben mehr zu sagen als andere. Die *rangniedrigeren* Tiere müssen sich den *ranghöheren* unterordnen. Trotzdem verstehen sich die meisten gut, weil sie sich an die Regeln halten. Jungpferde lernen von Anfang an, wie sie sich zu verhalten haben. Pferde, die nie in einem Herdenverband gelebt haben, bekommen deshalb oft Probleme, wenn sie später mit anderen zusammen auf der Weide stehen sollen. Man sagt dann, sie sind nicht *sozialisiert*.

FREUNDSCHAFTEN

Auch echte Freundschaften gibt es unter Pferden. Es kommt vor, dass ein Pferd seinem Kumpel nachtrauert, wenn dieser verkauft wird oder stirbt.

Letzte Woche wollte ich Sternchen von der Weide holen, aber sie hat alle Viere in den Boden gestemmt und sich keinen Zentimeter bewegt! Meine Reitlehrerin hat mir erklärt, dass Sternchen sich durch den angeborenen *Herdentrieb* in ihrer Herde am sichersten fühlt. Bei Pferden, die nicht gelernt haben, mit dem Menschen allein zu sein, sagt man, sie *kleben* an der Herde.

Flehmen

Wenn ein Pferd einen interessanten Geruch wahrnimmt, flehmt es manchmal. Dabei stülpt es die Lippen nach vorne und streckt den Hals. So kann es genau herausfinden, wo der Duft herkommt. Vorsicht: Pferde flehmen manchmal auch, wenn sie Schmerzen haben, wie zum Beispiel bei einer Kolik.

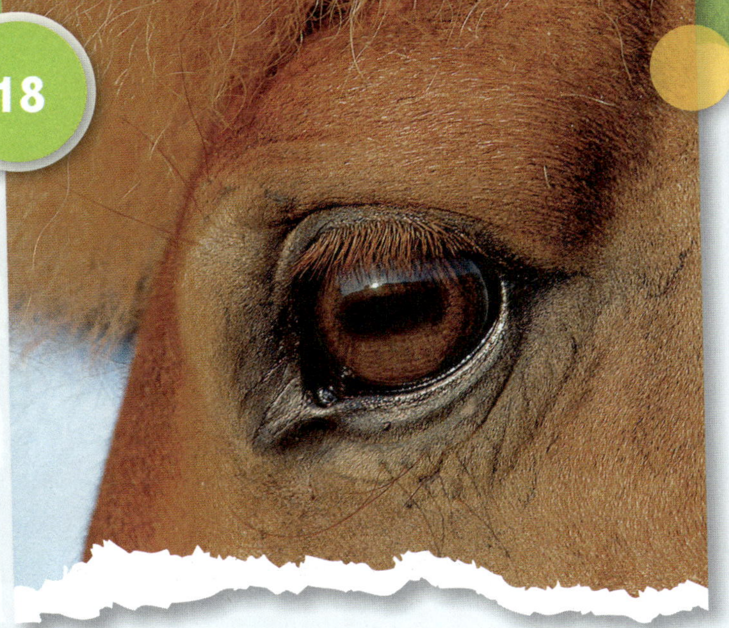

SINNESWAHRNEHMUNG VON PFERDEN

Sehen: Wenn du schon einmal eine Nachtwanderung gemacht hast, kennst du das: Mit der Zeit gewöhnen sich die Augen an die Dunkelheit, aber so richtig gut sieht man nachts nicht. Pferde sehen im Dunkeln etwas besser als wir. Wenn es hell ist, sehen Pferde auch Farben, aber nicht das gleiche breite Farbspektrum, das wir Menschen wahrnehmen können.

Einmal links und einmal rechts …

Weil die Augen der Pferde seitlich am Kopf angeordnet sind, verarbeitet ihr Gehirn das, was vom linken Auge wahrgenommen wird, und das, was vom rechten Auge wahrgenommen wird, einzeln.

Das Gesichtsfeld eines Pferdes ist sehr weit. Pferde können nur direkt vor sich und direkt hinter sich nichts sehen. Dafür haben sie eine gute Rundumsicht und können außerdem sehr weit in die Ferne blicken.

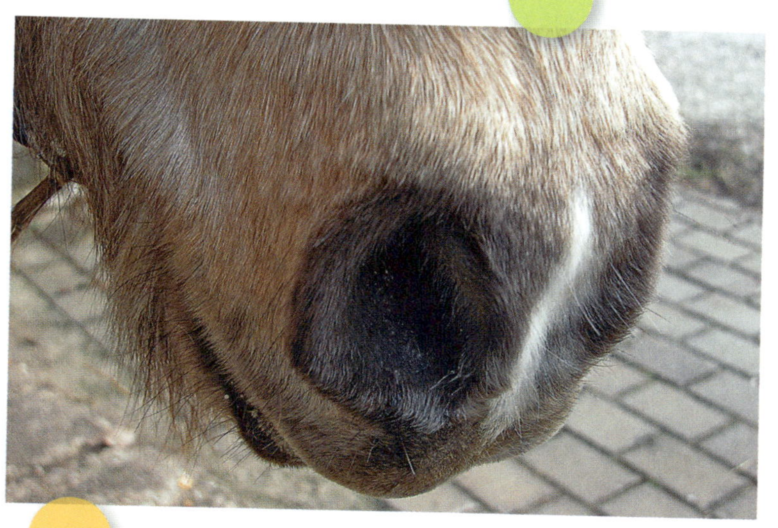

Riechen: Pferde sind sehr gut im Riechen! Sie können durch Schnuppern an Futter, Wasser, Artgenossen und deren Hinterlassenschaften (Pferdeäpfel) alles für sie Wichtige herausfinden. In der Wildnis konnten Pferde anhand ihres Geruchssinns sogar erkennen, wenn sich ein Raubtier in der Nähe befand.

Hören: Pferde können, wie Hunde, sehr hohe Töne hören, die wir Menschen nicht wahrnehmen. Diese Töne befinden sich im Ultraschallbereich.
Mit ihren Ohren können sie aber noch viel mehr als hören. Sie zeigen damit an, wie ihnen zumute ist. Angelegte Ohren bedeuten zum Beispiel Ärger oder Aggression, nach vorne gestreckte Ohren zeigen Neugier und Interesse an.

QUIZ

Schmecken: Menschen haben ungefähr 10000 Geschmacksknospen. Weißt du, wie viele das Pferd hat? Es braucht viele, denn es muss beim Grasen auch erkennen können, welche Pflanzen es lieber stehen lässt, weil sie giftig sind. Pferde können die Geschmacksrichtungen süß, sauer, salzig und bitter unterscheiden.

Lösung: Pferde haben 35000 Geschmacksknospen!

Fühlen: Die Haut des Pferdes ist ein sehr feines Sinnesorgan. Hast du schon einmal beobachtet, wenn sich eine Fliege auf das Fell eines Pferdes setzt? Das Pferd merkt das sofort und kann an genau dieser Stelle eine Muskelzuckung auslösen, die den Störenfried wieder vertreibt. Wenn das Pferd friert, stellen sich die Fellhaare auf und bilden eine isolierende Schicht.

Suchsel

In diesem Wortgitter haben sich die sechs Fellfarben von Pferden versteckt.
Schreibe sie unten auf die Linien und klebe den Sticker mit dem passenden Pferd daneben.

E	S	H	E	N	R	F	H	B	F	U	B
B	C	I	R	A	P	P	E	V	A	E	R
F	H	P	X	A	B	N	K	A	L	R	A
H	E	F	L	E	R	X	E	P	B	S	U
S	C	H	I	M	M	E	L	U	E	D	N
E	K	K	M	E	L	V	C	H	R	M	E
N	E	T	B	F	U	C	H	S	A	U	R

Schattenbilder

Im Dunkeln sehen alle Pferde gleich aus! Oder sind es doch nur zwei?
Finde die beiden gleichen Schatten. Achte dabei auch auf die spiegelverkehrten Pferde.

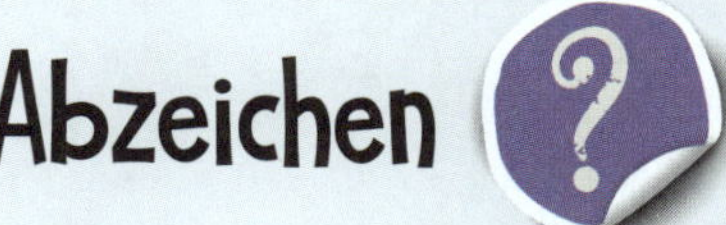

Abzeichen

Die meisten Pferde haben eine Zeichnung im Gesicht. Weißt du, wie die verschiedenen Abzeichen aussehen? Klebe die richtigen Fotos ein!

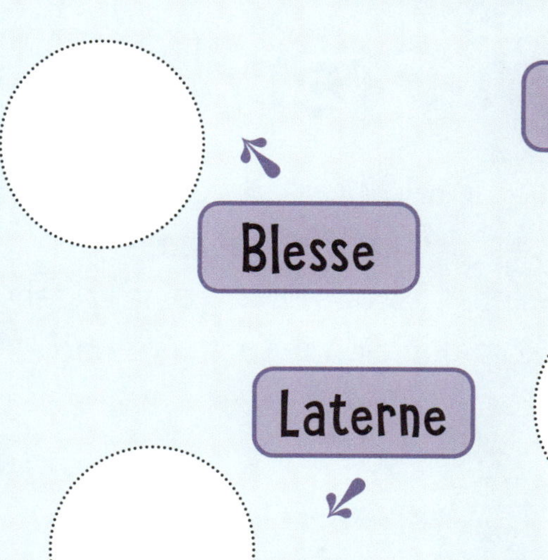

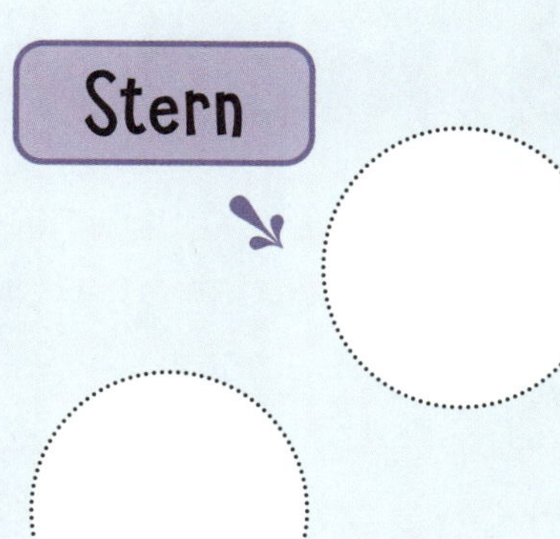

Laterne

Keilstern

Schnippe

Mit allen Sinnen

Verbinde die Satzanfänge mit dem richtigen Satzende.

Wenn es hell ist, sehen Pferde auch Farben,	die wir Menschen nicht wahrnehmen.
Pferde schnuppern,	aber nicht das gleiche breite Spektrum, das wir Menschen wahrnehmen können.
Pferde schmecken	und stellen dann ihre Fellhaare auf.
Pferde können sehr hohe Töne hören,	mehr als dreimal besser als Menschen.
Pferde frieren	um Informationen zu bekommen.

Beziehung und Kommunikation mit dem Pferd

Dein Pferd und du, ihr seid die dicksten Freunde? Das ist prima! Wenn du dich mit deinem Vierbeiner gut verstehst, ist das schon einmal sehr schön! Aber wie kommuniziert ihr miteinander?

ALLES CHEFSACHE ODER WAS?

Damit die Kommunikation mit deinem Pferd klappt, musst du als Mensch die Funktion des Anführers einnehmen. Sobald du etwas mit deinem vierbeinigen Freund unternimmst, solltest du das Kommando haben. Dein Pferd oder Pony muss dir folgen und darf nie versuchen, die Rolle des Chefs zu übernehmen. Das erreichst du, indem du immer konsequent, aber trotzdem fair zu ihm bist. Werde nie wütend oder ungerecht! Das versteht es nicht. Bleib ruhig und freundlich, aber bestimmt.

Du bist der Chef!

Wie in der Herde gibt es auch zwischen deinem Pferd und dir eine Rangordnung. Erst, wenn dein Vierbeiner dich als Herdenchef akzeptiert, ist ein sicherer Umgang mit dem Tier möglich. Es gibt Pferde, die immer wieder austesten, ob sie sich nicht in der Rangfolge nach oben kämpfen können. Hier ist ein konsequenter, besonnener Pferdemensch gefragt, der viel Erfahrung mit ranghohen Pferden hat.

STIMMKOMMANDOS

Gewöhne dir feste *Stimmkommandos* an. Wenn du zum Anhalten oder Losgehen immer dasselbe Kommando verwendest, versteht dich dein Pferd und fühlt sich sicher. Ob beim Putzen, *Longieren* oder Reiten. Je klarer du dich ausdrückst, desto besser weiß dein Pferd, was es tun soll. Alle Reiter eines Pferdes sollten deshalb am besten dieselben Stimmkommandos benutzen.

Lob und Tadel

Um dein Pferd zu loben, kannst du es am Hals streicheln. Oder du kraulst es an seiner Lieblingsstelle. Wenn es frech ist, sagst du deutlich „Nein!" – aber ohne zu laut zu werden. Pferde sind sensibel und verstehen sehr schnell!

KÖRPERSPRACHE

Du kannst mit deinem Pferd sprechen und es hört dir auch zu! Aber es versteht nicht alles, was du sagst. Dafür ist es aber ein Profi darin, deine *Körpersprache* zu lesen. Das bedeutet, es versteht die *Signale*, die du durch deine Körperhaltung oder durch bestimmte Gesten sendest. Übrigens auch dann, wenn du diese Signale gar nicht mit Absicht übermittelst. Dein Pferd reagiert anders als gewollt? Dann hast du vielleicht, ohne es zu merken, ein falsches Signal gegeben.

HALTUNG UND PFLEGE

Pferde putzen

Das Putzen des Pferdes dient nicht nur der Sauberhaltung.
Es ist auch eine Massage, die die meisten Vierbeiner sehr genießen …

STREICHELEINHEITEN

Beim Putzen kann sich dein Pferd so richtig entspannen. Das Bürsten des Fells ist für unsere vierbeinigen Freunde wie eine Massage. Die meisten von ihnen genießen das sehr. Bei Pferden, die du noch nicht kennst, solltest du immer gut aufpassen, denn auch Tiere haben Stellen, an denen sie nicht so gern angefasst werden wollen.

Was gehört in den Putzkasten?

- ✔ Hufkratzer
- ✔ Striegel
- ✔ Kardätsche
- ✔ Kopfbürste
- ✔ Wurzelbürste
- ✔ Mähnenkamm oder -bürste
- ✔ Waschbürste
- ✔ Schwamm

FELLPFLEGE

Auf der Weide betreiben Pferde auch untereinander Fellpflege. Das ist ein wichtiger Bestandteil ihres Soziallebens. Oft kannst du Pferde beobachten, die dicht beieinander stehen und sich gegenseitig mit den Lippen und Zähnen den Hals oder den Rücken kraulen. Das machen aber nur Pferde, die sich mögen.

EINSATZ VON HUFKRATZER, STRIEGEL UND CO.

Als Erstes kratzt du deinem Pferd die Hufe aus. Dazu nimmst du den *Hufkratzer* in die rechte Hand und fährst mit der linken Hand am *Röhrbein* des linken Beines entlang nach unten. Du räumst mit dem Kratzer – beginnend in den seitlichen *Strahlfurchen* – den Sand, die Erde und den Mist, der sich dort gesammelt hat, zur Hufspitze hin aus. Mit der kleinen Bürste entfernst du dann den gelösten Schmutz. Auf der rechten Seite gehst du umgekehrt vor. Mit deiner rechten Hand nimmst du das rechte Vorderbein und machst den Huf mit der linken Hand sauber. Die Hinterbeine nimmst du vorsichtig nach hinten, aber nicht zu weit.

Dann gehst du mit dem *Striegel* in kräftigen, kreisenden Bewegungen über das Fell, um den Staub zu lösen. Kopf und Beine lässt du aus, denn hier liegen die Knochen direkt unter der Haut, das ist für das Pferd unangenehm. Wenn du das Fell aufgeraut hast, bürstest du es mit der *Kardätsche* glatt. Ab und zu ziehst du die Kardätsche über den Striegel, damit der Staub herausfällt, und klopfst den Striegel danach aus. Übrigens, mit der Kardätsche darfst du immer nur in die Richtung bürsten, in der das Fell wächst. Wenn du dir unsicher bist, lass es dir von jemandem zeigen, der Erfahrung im Putzen von Pferden hat.

Wenn das Pferd sicher und brav steht, bürstest du mit der *Wurzelbürste* von oben nach unten das Fell an den Beinen glatt.

Mit der *Kopfbürste* oder *Schmusebürste* bürstest du vorsichtig den Kopf. Manche mögen das sehr, andere gar nicht. Du wirst bald merken, welche Putz- und Streicheleinheiten bei deinem Vierbeiner gut ankommen und welche nicht ...

NÜSTERN UND AUGEN

Mit einem feuchten Schwamm kannst du vorsichtig auch die Nüstern und die Augenpartien deines Pferdes reinigen. Achte genau auf die Signale deines Pferdes. Wenn es im Gesicht empfindlich ist, solltest du hier besonders gut aufpassen.

MÄHNE UND SCHWEIF

Die Mähne kämmst du Strähne für Strähne mit einem *Mähnenkamm* oder einer Bürste. Halt immer die Strähne, die du durchkämmst, oben fest, damit du keine Haare herausziehst. Ebenso verfährst du mit dem Schweif. Man kann die Mähnen- und Schweifhaare aber auch *verlesen*. Dabei nimmst du ein Büschel Haare in die eine Hand und ziehst mit der anderen behutsam Strähne für Strähne heraus, um sie zu entwirren. Beim Verlesen des Schweifes solltest du immer seitlich neben dem Pferd und nie direkt hinter ihm stehen. Erinnerst du dich an das Sichtfeld unserer Vierbeiner?

Was mag mein Pferd?

Manche Pferde empfinden die Berührung am Bauch als unangenehm. Besonders rossige Stuten mögen es nicht so gern, wenn man sie dort anfasst. Aber jedes Pferd hat auch seine Lieblingsstellen. Finde heraus, wo dein Vierbeiner gern gekrault wird. Dort kannst du dein Pferd dann streicheln, um es zu belohnen.
Achtung: Reagiert ein Pferd extrem empfindlich auf bestimmte Berührungen, kann es auch sein, dass ihm etwas wehtut.

COOLE ERFRISCHUNG IM SOMMER

Wenn dein Pferd unter dem Sattel geschwitzt hat, kannst du die *Sattellage* mit lauwarmem Wasser abwaschen, damit das Fell nicht vom Schweiß verklebt. Als Abkühlung an heißen Tagen kannst du sogar das ganze Pferd abduschen. Achtung, der Kopf sollte dabei nicht nass werden. Vor allem darf kein Wasser in die Ohren und Nüstern deines Pferdes gelangen! Fang immer unten an den Pferdebeinen an und geh dann langsam nach oben, damit das Pferd sich an das kühle Wasser gewöhnen kann. Am besten lässt du dir von jemandem helfen, der dein Pferd am Strick hält, so kannst du den Wasserschlauch besser bedienen.

Ausrüstung fürs Pferd

Rauf aufs Pferd und los geht's?
Da war doch noch was: Rund ums Pferd gibt es jede Menge Zubehör! Wie gut kennst du dich aus mit Halfter, Sattel und Co.?

QUIZ

Kennst du den Unterschied zwischen Führstrick *und* Anbindestrick? *Beim Führstrick ist es wichtig, dass der Haken* (Karabiner) *nicht aufgeht, falls dein Pferd sich einmal loszureißen versucht. Beim Anbindestrick ist es genau umgekehrt: Der Haken öffnet sich, falls das Pferd erschrickt, damit nichts passiert! Weißt du, wie so ein Haken heißt?*

Lösung: Panikhaken

AUSRÜSTUNG FÜR STALL UND WEIDE

In der Box und auf der Weide braucht ein Pferd keine Ausrüstung. Manche Pferde haben aber trotzdem immer ein *Halfter* an. Wenn du dein Pferd führst oder anbindest, brauchst du einen *Strick*. Den Haken hängt man im unteren Ring des Halfters ein. Das ist die Grundausrüstung, um mit dem Pferd umgehen zu können.

LONGE

Die Longe ist ein sieben bis acht Meter langes Seil mit einem Karabinerhaken, den man entweder am Trensenring oder am mittleren Ring des Kappzaums befestigt. Mit der Peitsche wirkt der Longenführer auf das Pferd ein, indem er es an bestimmten Körperstellen gezielt mit der Peitschenschnur leicht antippt.

REITAUSRÜSTUNG

Zum Reiten braucht dein Pferd einen *Sattel* und eine *Trense*. Aber reicht das wirklich?

Englischsattel

KLEINE SATTELKUNDE

Huch, diese beiden Sättel sehen ja total unterschiedlich aus! Richtig erkannt – das eine ist ein *Englischsattel* und das andere ein *Westernsattel*. In Letzterem sitzt der Reiter sehr bequem. Das war ursprünglich wichtig für die *Cowboys*, die beim Treiben der Kühe auf den riesigen Weideflächen manchmal den ganzen Tag auf dem Pferd verbrachten.

Westernsattel

Sabrina sammelt Schabracken! Sie hat in ihrem Sattelschrank unzählig viele in verschiedenen Farben. Annas Pferd Flocke ist ein Westernpferd. Anna hat nur ein dickes Westernpad, die sind etwas teurer als unsere Schabracken ...

UND WAS TRÄGT MAN DARUNTER?

Um das Sattelleder des Englischsattels vor Schweiß zu schützen, legt man eine *Satteldecke* oder *Schabracke* darunter. Unter den Westernsattel kommt eine dick gepolsterte Sattelunterlage (*Pad*), da der Westernsattel, anders als ein Dressur-, Vielseitigkeits- oder Springsattel, selbst nicht gepolstert ist.

Schabracken

Englisches Reithalfter

TRENSE

Genau genommen ist die *Trense* nur das Gebissstück mit den dazugehörigen Gebissringen, in die die *Zügel* eingeschnallt werden. Das Lederzeug ist das Kopfstück. Alles zusammen wird als Zaumzeug bezeichnet.

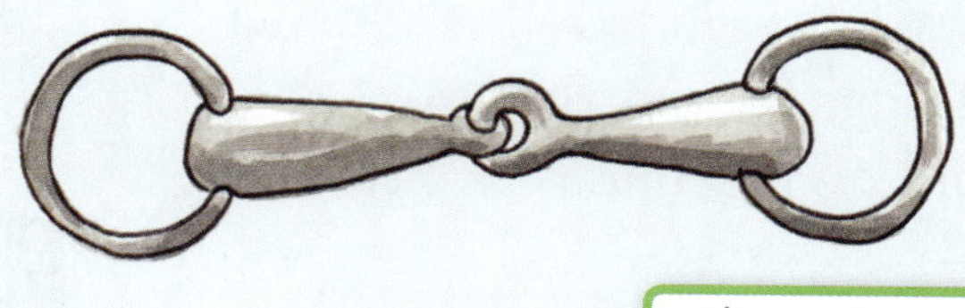

Wassertrense

Die Westernreiter nennen die Wassertrense *„Snaffle Bit".*

Snaffle Bit

Westerntrense mit Snaffle Bit

HILFSZÜGEL

Bei Reitanfängern, die noch keinen ruhigen Sitz haben, schnallt der Reitlehrer dem Pferd oft *Hilfszügel* ein. Diese helfen dem Reiter, das Pferd besser mit den Zügeln kontrollieren zu können. Außerdem läuft das Pferd verhaltener, sodass der Reitanfänger angenehmer sitzen kann.

Pferd an der Longe mit Ausbindern

BEINSCHUTZ

Die Beine des Pferdes sind empfindlich. Beim Springen sollte man sie immer mit *Gamaschen* schützen. *Bandagen* sind ebenfalls geeignet, um die Pferdebeine vor Anschlagen zu schützen, sollten aber nur von einem erfahrenen Reiter angelegt werden, weil das richtige Bandagieren nicht einfach ist. Bandagen dürfen weder zu eng sitzen, um das Pferdebein nicht zu quetschen, noch dürfen sie zu locker gewickelt sein, da sie sich sonst beim Reiten ablösen und so zu schweren Unfällen führen können, weil das Pferd erschrickt und stolpert.

Ohne alles ...

Die richtige Ausrüstung ist wichtig bei der Arbeit mit dem Pferd. Aber ein besonders hohes Ziel ist es, beim Reiten oder bei der Bodenarbeit ganz ohne Halfter, Seil, Sattel und Zaumzeug auszukommen ...

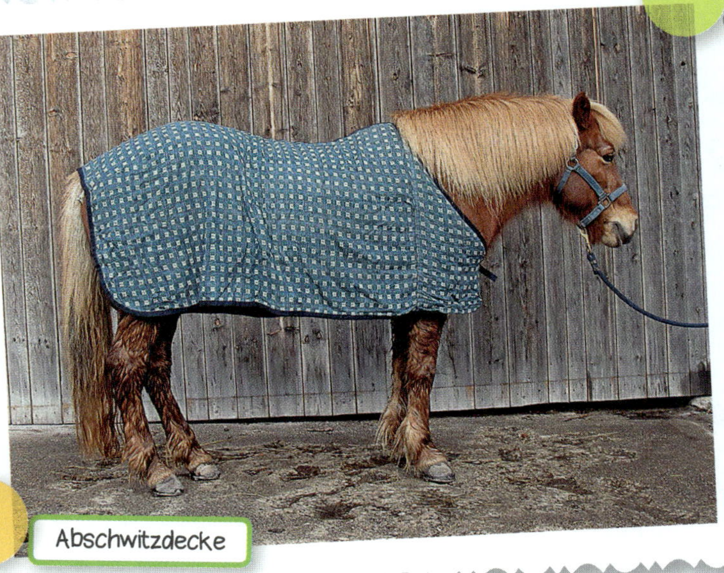

Abschwitzdecke

DECK MICH ZU!

Es gibt jede Menge verschiedene Decken für Pferde ... Manche Pferde tragen im Winter eine gefütterte *Winterdecke*, anderen reicht ihr molliges Winterfell. Manche Pferdebesitzer versuchen, ihre Pferde im Sommer mit einer *Fliegendecke* zu schützen. Nach dem Reiten, wenn das Pferd geschwitzt hat, deckt man es mit einer *Abschwitzdecke* aus Fleece ein. Und wenn es richtig aus Eimern schüttet, freut sich manches Pferd über eine wasserdichte *Regendecke*.

OPTIMAL ANGEPASST ...

Viele im Offenstall artgerecht gehaltene Pferde passen sich den Temperaturen auf natürliche Art und Weise an. Sie können sich bei Regen unterstellen und wenn es richtig eisig kalt wird, haben sie bereits ihr *Winterfell* entwickelt, das sie optimal wärmt. Trotzdem kann es sinnvoll sein, ein von der Arbeit nassgeschwitztes Pferd mit dickem Winterfell mit einer leichten Fleecedecke einzudecken. Aber denk immer daran, sie wieder abzunehmen, sobald das Pferd trocken ist. Über Nacht sollte die Decke nicht auf dem Pferd bleiben!

Fellpflege

Das Fell des Pferdes braucht regelmäßige Pflege. Wie heißen die Gegenstände, die man dafür verwendet? Die Bezeichnungen sind etwas durcheinandergeraten. Bring die Buchstaben in die richtige Reihenfolge und klebe den passenden Sticker neben das Wort.

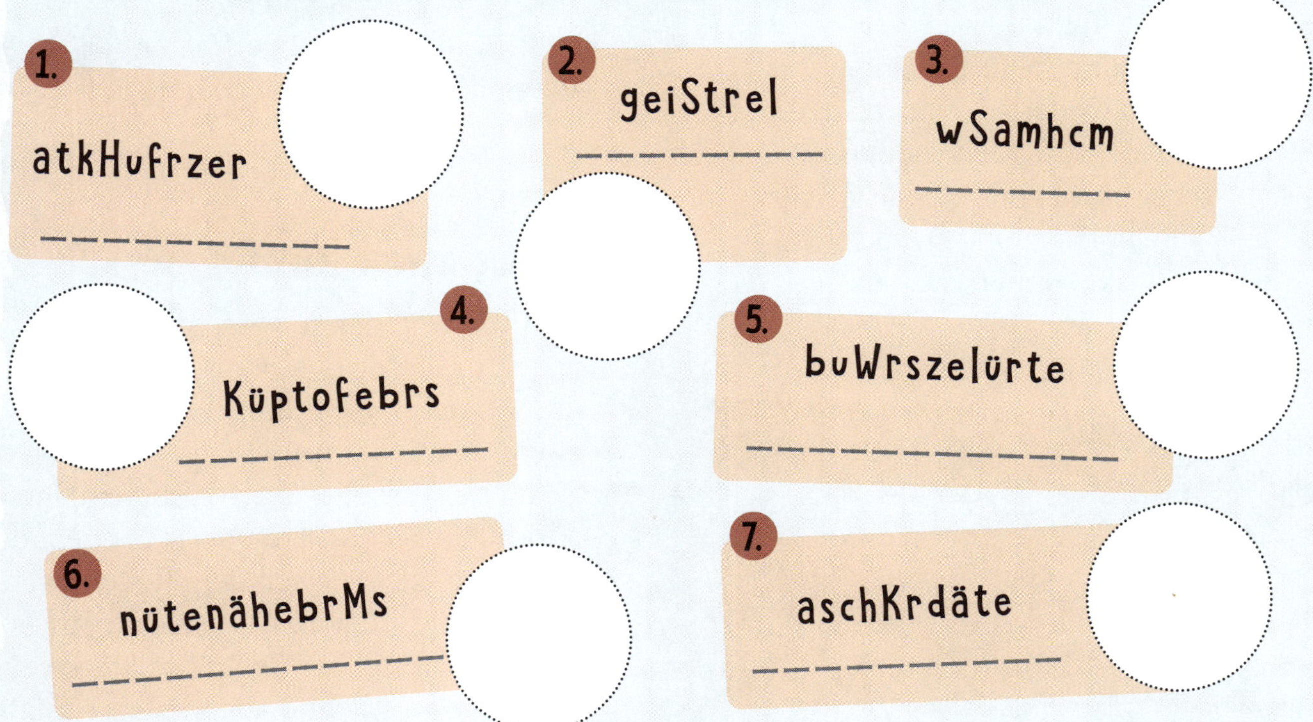

Buchstabenschlange

In der Buchstabenschlange haben sich verschiedene Ausrüstungsgegenstände von Pferden versteckt. Findest du alle acht Begriffe, nach denen gesucht wird?

Sudoku

Die Regeln sind einfach. In jeder Spalte, jeder Zeile und in jedem Block muss jedes Symbol enthalten sein – aber nur jeweils einmal! Im Sudoku-Gitter findest du sechs verschiedene Symbole. Klebe die fehlenden Sticker ein.

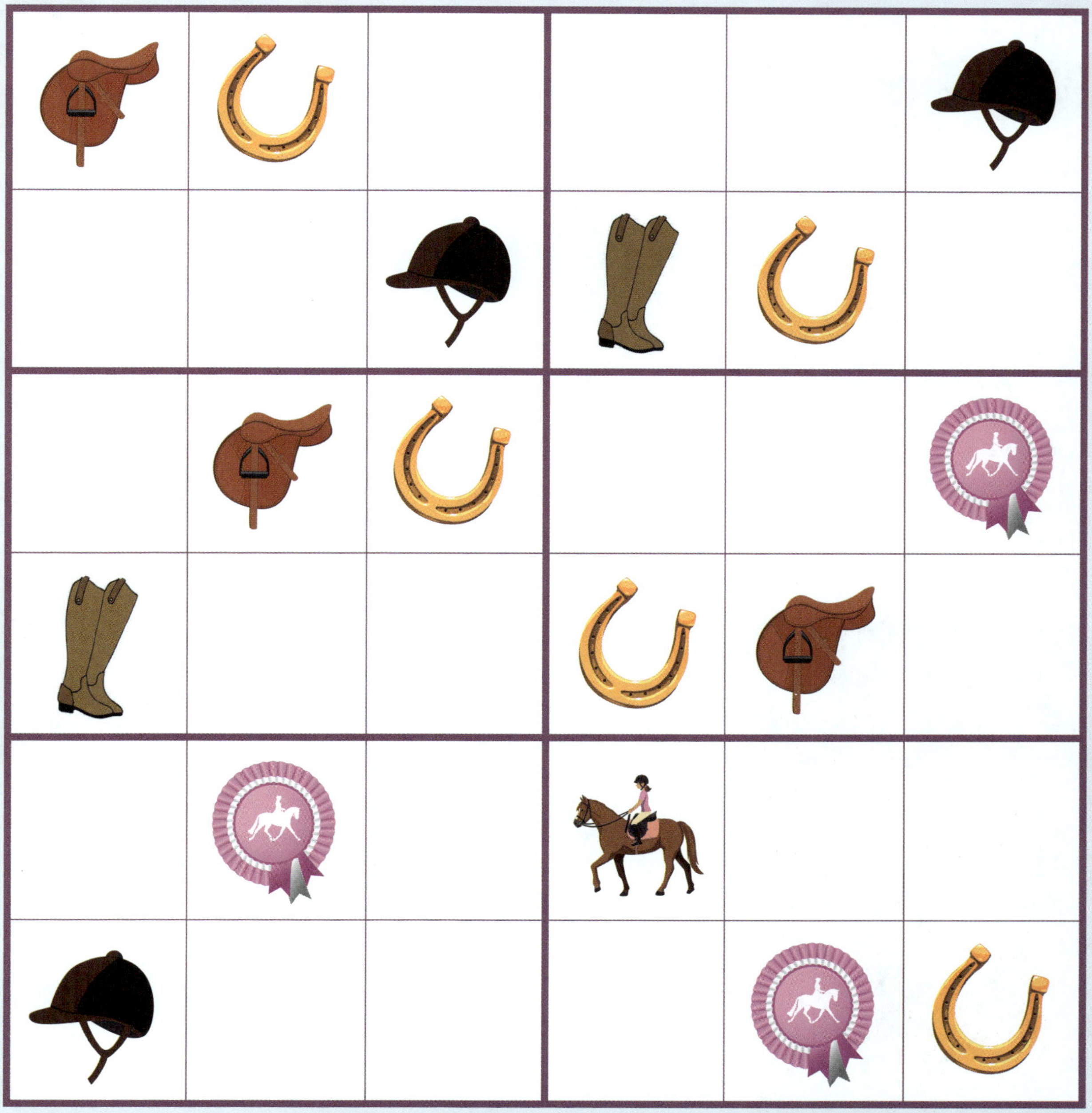

Ausrüstung für den Reiter

Gehst du auch so gern shoppen wie Sophie und ihre Freundinnen? Klamotten, Schmuck, Bücher …? Und natürlich Pferdesachen! Es macht einen Riesenspaß, Sachen fürs Pferd zu kaufen. Und auch für dich gibt es jede Menge Ausrüstung.

QUIZ

Was braucht man zum Reiten?

Nicht nur dein Pferd, auch du brauchst die richtige Ausstattung zum Reiten. Für deine ersten Reitstunden reichen bequeme Kleidung und feste Schuhe, die über die Knöchel gehen und einen Absatz haben. Außerdem ist ein Reithelm absolute Pflicht! Zähle hier auf, welche Kleidung du beim Reiten anhast und was man sonst noch braucht:

?

?

?

?

?

Lösung: Schutzweste, Reithose, Reitstiefel, bequemes Oberteil, Handschuh

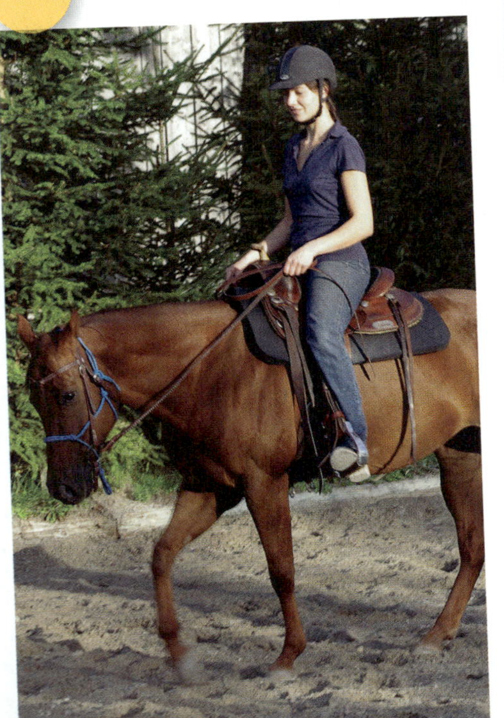

JEANS UND BOOTS …

Westernreiter tragen zum Reiten und bei der täglichen Arbeit bequeme Jeans und robuste Lederstiefel.

NIE OHNE HELM!

Ein Helm ist beim Reiten unerlässlich! Auf Westernturnieren besteht zwar nur für Reiter und Reiterinnen unter 18 Jahren eine Helmpflicht, es ist aber aus Sicherheitsgründen grundsätzlich besser, mit Helm zu reiten.

Reithose mit Vollederbesatz

DIE RICHTIGE REITHOSE

Es gibt Reithosen mit *Teillederbesatz* und solche mit *Volllederbesatz*. Bei den Hosen mit Teillederbesatz ist nur der Teil mit Leder verstärkt, wo die Wade am Sattel anliegt. Bei den Volllederreithosen sind das ganze Bein bis zur Wade und auch der Po mit Leder verstärkt. Sie verhelfen zu einem festeren Sitz im Sattel.

REITSTIEFEL

Als Reitanfänger kann man sich zunächst ganz einfache Gummireitstiefel kaufen. Sie sind nicht so teuer, halten lange und reichen vorerst völlig aus. Später kannst du dir dann ein schönes Paar Lederreitstiefel leisten.

CHAPSLETTEN

Statt der wadenhohen Reitstiefel kannst du auch *Chapsletten* aus Baumwolle oder Leder über deinen Reitschuhen oder Stiefeletten tragen. Das ist eine Art Gamaschen für den Reiter. Du schlüpfst mit den Reitschuhen in die Gummischlaufen, legst die Chapsletten um deine Wade und schließt den Reißverschluss außen am Bein. Ob Stiefel oder Chapsletten, jeder muss für sich herausfinden, womit er sich wohler fühlt.

Chapsletten

HANDSCHUHE JA ODER NEIN?

Manche Reiter tragen beim Reiten immer Handschuhe, manche reiten lieber ohne. Wenn ein Pferd dir schon mal die Zügel durch die Hand gezogen hat, wirst du wissen, wozu sie gut sind. Es gibt aber auch Reiter, die lieber darauf verzichten, weil sie so ein besseres Gefühl in den Fingern haben.

Die Sache mit den Sporen ...

Hast du dich schon mal gefragt, warum die fortgeschrittenen Reiter manchmal Sporen an den Stiefeln tragen? Sie dienen dazu, dem Pferd feinere Hilfen zu geben, anstatt mit dem ganzen Bein zu treiben. Natürlich haben sie an den Fersen von Reitanfängern nichts verloren. „Die Sporen muss man sich erst verdienen", so sagt man. Man muss dazu erst ein sehr guter Reiter werden.

Als ich noch Reitunterricht auf Schulpferden hatte, brauchte ich bei manchen Pferden eine Gerte, weil sie nicht gut auf mein Bein reagierten. Die sollte ich dann mit der Gerte ganz leicht antippen. Am Anfang wollte ich Sternchen nicht mit Gerte reiten, aber meine Reitlehrerin sagt, dass sie dazu dient, manchen Pferden die Reiterhilfen etwas besser verständlich zu machen.

Fortsetzung Seite 32/33

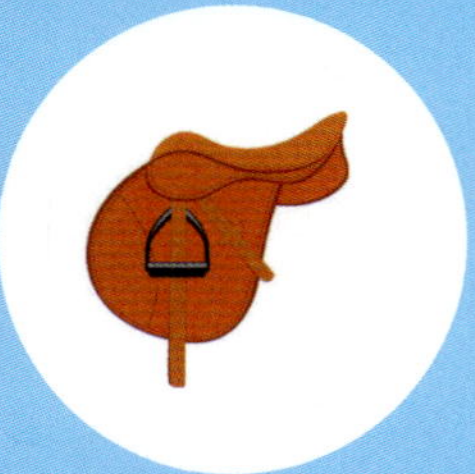
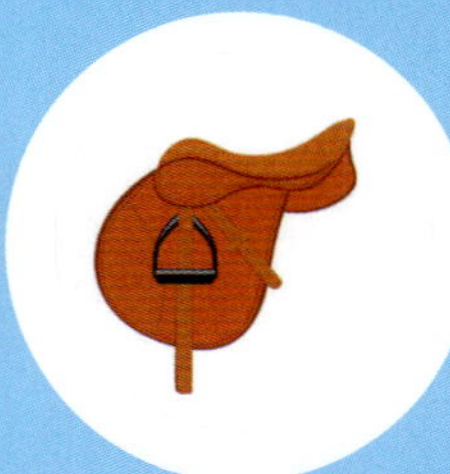
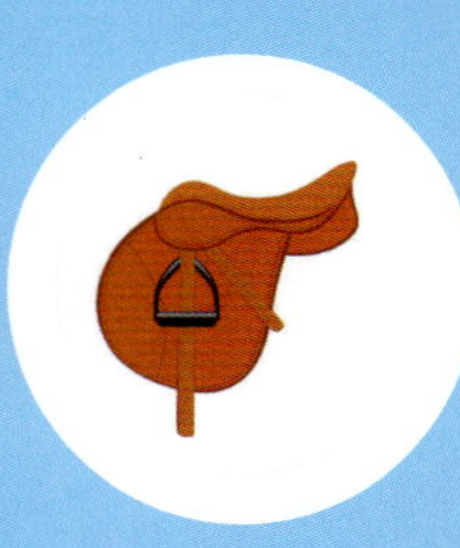

Seite 42/43

Sticker für die Rätsel auf Seite 42/43

Seite 54/55

Sticker für die Rätsel auf Seite 54/55

Seite 60/61

Sticker für die Rätsel auf S. 60/61

Spaß-Sticker

Sticker für die Rätsel auf Seite 12/13

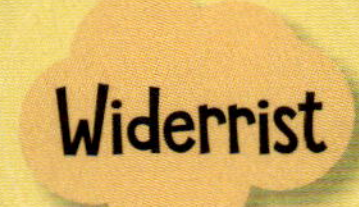

Sticker für die Rätsel auf Seite 20/21

Fortsetzung Seite 20/21

Sticker für die Rätsel auf S. 32/33

Spaß-Sticker

REITEN IST AUCH IM WINTER SCHÖN …

… vorausgesetzt, man muss nicht frieren! Dafür gibt es extrawarme Handschuhe und gefütterte Reitjacken, und wenn es ganz eisig wird, kannst du eine Thermoreithose anziehen. Du kannst sogar deinen Sattel mit einem Lammfellbezug beziehen. Und damit du dich nicht erkältest, sind warme Füße ein Muss! Es gibt gefütterte Winterreitstiefel, du kannst aber auch Lammfellsohlen in deine Stiefel oder Schuhe legen.

Mir macht Regenwetter nichts aus! Wenn es richtig aus Eimern schüttet, ziehe ich mir zum Ausreiten eine Regenhose und einen Regenmantel über. Dafür krame ich dann meine alten Gummireitstiefel hervor. Für Sternchen habe ich eine Regendecke mit einer Aussparung für den Sattel. Wenn der Sattel einmal richtig nass wird, trockne ich ihn nach dem Reiten mit einem Tuch ab und fette ihn am nächsten Tag ganz dünn ein.

Hufe und Hufeisen

Wie Pferdehufe aufgebaut sind, hast du schon im Kapitel über Anatomie gelesen. Hier erfährst du, wie man die Hufe pflegen muss, und warum manche Pferde einen Hufschutz brauchen.

MANIKÜRE UND PEDIKÜRE

Ungefähr alle sechs Wochen muss der *Hufpfleger* zu euch kommen und die Hufe deines Pferdes bearbeiten. Dazu schneidet er mit einem *Hufmesser* das nachgewachsene Horn an der *Sohle* und am *Strahl* weg. Für den „Feinschliff" nimmt er eine große *Raspel*. Schau ihm mal dabei zu – du wirst feststellen, das ist ein echter Knochenjob!

HUFEISEN

Beim Laufen auf Asphalt, Schotter und Sand werden die Hufe abgenutzt und wachsen manchmal nicht schnell genug nach. Die Folge ist eine zu dünne Sohle, wodurch das Pferd Schmerzen beim Laufen hat. Dann kann es helfen, dem Pferd Hufeisen aufzunageln. Das macht der *Hufschmied*. Die Eisen müssen regelmäßig kontrolliert und alle sechs bis acht Wochen erneuert werden.

Sehen alle Hufe gleich aus?

a) Pferde haben entweder vier weiße Hufe oder vier dunkle Hufe.
b) Ja, Hufe sind immer braun.
c) Die Hufe haben die gleiche Farbe wie das Fell an der Stelle, wo der Huf anfängt.

Lösung: c) An einem Bein mit weißem Fell ist der Huf hell, an einem Bein mit dunklem Fell ist er dunkel. Manche Pferde, vor allem Schecken, haben deshalb manchmal auch zweifarbige Hufe.

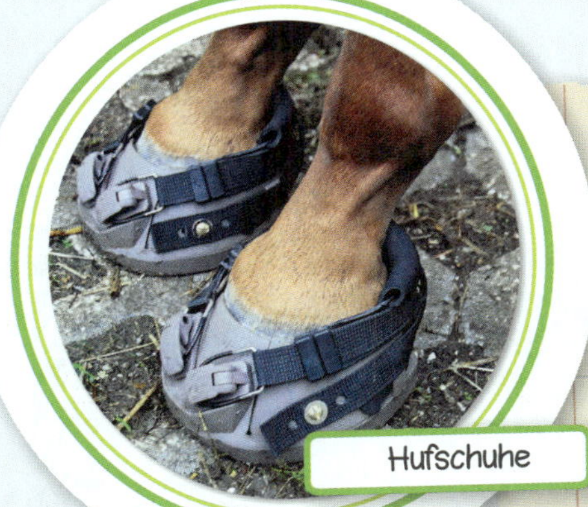
Hufschuhe

Schutz für empfindliche Pferdefüße

Es gibt viele Möglichkeiten, die Hufe eines Pferdes zu schützen. Eine kennst du schon! Die Hufeisen. Man kann seinem Pferd aber auch Hufschuhe anziehen oder ihm Hufeisen aus Plastik aufkleben lassen, statt sie festzunageln.

Bringen Hufeisen Glück?

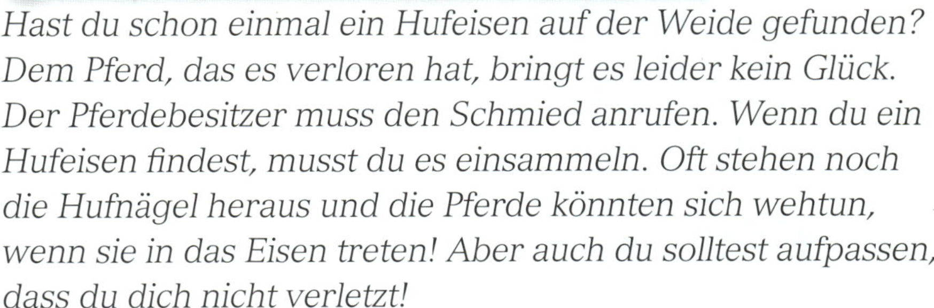

Hast du schon einmal ein Hufeisen auf der Weide gefunden? Dem Pferd, das es verloren hat, bringt es leider kein Glück. Der Pferdebesitzer muss den Schmied anrufen. Wenn du ein Hufeisen findest, musst du es einsammeln. Oft stehen noch die Hufnägel heraus und die Pferde könnten sich wehtun, wenn sie in das Eisen treten! Aber auch du solltest aufpassen, dass du dich nicht verletzt!

HUFE WASCHEN

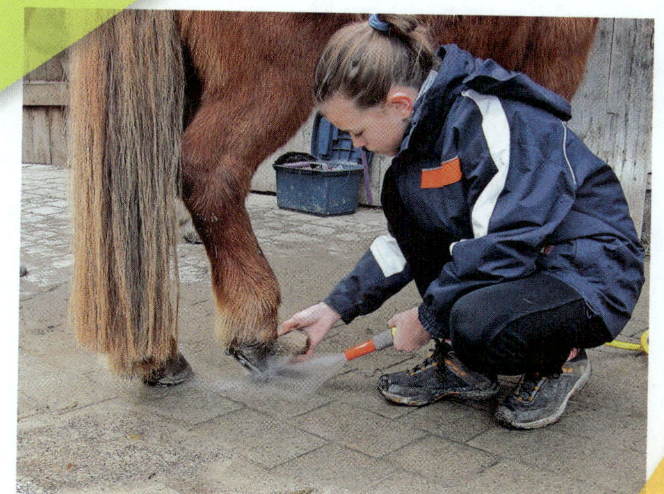

Wenn es längere Zeit nicht regnet und die Böden trocken sind, kannst du deinem Pferd die Hufe waschen. Dafür säuberst du sie erst sorgfältig mit dem Hufkratzer und tauchst dann eine *Waschbürste* in einen Wassereimer oder verwendest einen Wasserschlauch. Mit der nassen Bürste schrubbst du kräftig allen Schmutz von der Hufunterseite und anschließend auch von den *Hufwänden*. Danach kannst du sie mit ein wenig Huföl einpinseln. Das solltest du aber nicht zu oft machen, damit die natürliche Balance im Huf nicht zerstört wird. Es gibt viele verschiedene Pflegemittel für die Hufe. Wirklich nötig sind sie aber in den meisten Fällen nicht. Es sieht natürlich aber sehr hübsch aus, wenn die Hufe deines Pferdes glänzen.

Pferde füttern

Zur richtigen Pflege deines Pferdes gehört natürlich auch die Fütterung. Sie spielt gerade beim Dauerfresser Pferd eine erhebliche Rolle. Ganz nach dem Motto „Du bist, was du isst" hängt das Wohlbefinden und die Gesundheit unserer vierbeinigen Freunde sehr davon ab, was auf ihrem Speiseplan steht.

DER SPEISEPLAN DER NATUR

In der *Steppe* haben sich Pferde von Gräsern, Blättern, Sträuchern, Rinden, Wurzeln und Beeren ernährt. Bei der Suche nach Nahrung und Wasser legten sie dabei täglich bis zu 30 Kilometer zurück!

UND IM STALL?

Das Hauptnahrungsmittel unserer Reitpferde ist *Heu* – also getrocknete Gräser und Kräuter. *Raufutter* ist wichtig für ihre *Verdauung*. Im Sommer fressen sie auch frisches Gras. Zusätzlich füttert man den meisten Reitpferden ein *Kraftfutter*, zum Beispiel *Hafer, Gerste, Mais, Pellets* (kleine, gepresste Röllchen aus getrocknetem Gras oder Getreide) oder ein fertig gemischtes *Müsli*. Im Winter steht außerdem *Saftfutter* auf dem Speiseplan: ein paar Karotten und ab und zu ein Apfel … Das lieben alle Pferde!

WIR HABEN HUNGER, HUNGER, HUNGER ...

Im Gegensatz zu uns halten sich Pferde nicht an feste Mahlzeiten. Zwar wird in den meisten Ställen morgens, mittags und abends gefüttert, trotzdem sollten die Pferde immer Zugang zu Heu, Stroh und Wasser haben. Damit sie dabei nicht zu dick werden, muss der Pferdebesitzer dafür sorgen, dass sein Pferd ausreichend bewegt wird. Es liegt in der Natur des Pferdes, täglich bis zu 16 Stunden mit Fressen zu verbringen.

Lebenselixier Wasser

Pferde saufen je nach Temperatur 20 bis 70 Liter Wasser am Tag. In den meisten Ställen sind automatische Tränken *installiert, an denen das Pferd jederzeit seinen Durst stillen kann.*

DIE VERDAUUNG

Die *Verdauung* des Pferdes ist kompliziert. Was sie gefressen haben, können sie so schnell nicht wieder loswerden! Einmal heruntergeschluckt, muss die Nahrung den langen Weg durch das Verdauungssystem antreten. Allein der *Dünndarm* eines Pferdes ist über 20 Meter lang!
Für Pferde ist es wichtig, dass sie gut kauen. Die Nahrung wird mit den Backenzähnen zerkleinert. So ist der Nahrungsbrei leichter zu verdauen und gelangt dann über die Speiseröhre in den Magen.

Wahr oder falsch?

Kreuze die richtige Lösung an.

		wahr	falsch
1.	Hufe nutzen sich beim Laufen auf der Weide ab.	☐	☐
2.	Ein Hufeisen hält ein Pferdeleben lang.	☐	☐
3.	Zum Bearbeiten nutzt der Schmied ein Hufmesser.	☐	☐
4.	Das Horn des Hufes wächst nach.	☐	☐
5.	Pferde tragen manchmal Hufschuhe.	☐	☐
6.	Hufeisen sind immer aus Metall.	☐	☐

Labyrinth

Das Fohlen hat sich verirrt! Kannst du der Stute helfen, ihr Fohlen zu finden?

Welches Pferd frisst was am liebsten?

Du möchtest den Pferden Leckerlis geben, doch welches Pferd frisst was am liebsten? Verstehst du, was die Pferde sagen? Entschlüssele die Lieblingsspeise und klebe den richtigen Sticker ein.

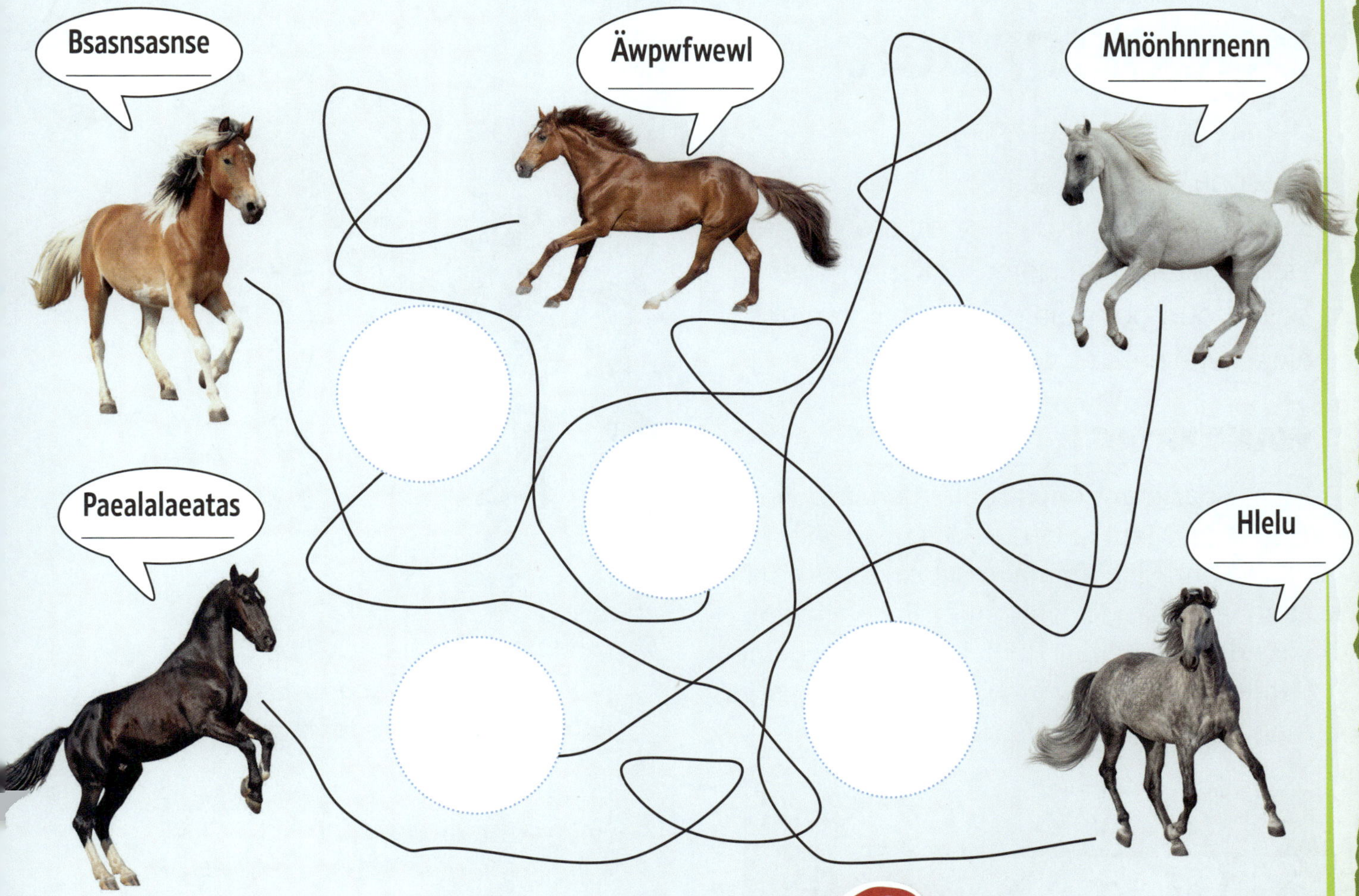

Bsasnsasnse ____________

Äwpwfwewl ____________

Mnönhnrnenn ____________

Paealalaeatas ____________

Hlelu ____________

Pferdefutter

Ordne das Futter richtig zu. Verbinde mit Linien.

Raufutter

Kraftfutter

Saftfutter

REITEN LERNEN UND MEHR

Bodenarbeit

Um mit deinem Pferd Spaß zu haben, musst du nicht auf seinem Rücken sitzen. Du kannst mit ihm auch spazieren gehen, es longieren, ihm kleine Zirkuslektionen beibringen oder einfach nur mit ihm über eine Wiese oder den Reitplatz rennen.

WANDERTAG!

Beim Spazierengehen sollte dein Pferd eine Trense im Maul haben. Jedes noch so brave Pferd kann sich einmal erschrecken und das kann im Gelände sehr gefährlich werden! Lass dir von deiner Reitlehrerin oder deinem Reitlehrer zeigen, welches die beste Ausrüstung zum Spazierengehen ist!

Bodenarbeit beginnt schon beim Führen aus der Box. Putzen, Trensen, Satteln – das alles gehört dazu!

Beim Aufhalftern oder Auftrensen soll das Pferd stillstehen und den Kopf nicht nach oben reißen.

Junge Pferde werden am Boden ausgebildet, bevor man mit dem Anreiten beginnt.

LONGIEREN

Beim *Longieren* geht das Pferd an einer langen Leine, der *Longe*, auf einer Kreisbahn von ungefähr 16 Metern Durchmesser um dich herum. Jungen Pferden bringt man so zum Beispiel die Kommandos für *Schritt, Trab, Galopp* und *Halten* bei. Außerdem ist das Longieren eine gute Abwechslung zum Reiten. Frag mal dein Pferd! „Immer nur reiten? Gähn – nicht schon wieder!"

Ausrüstung für die Bodenarbeit

- Halfter, Knotenhalfter, Kappzaum oder Trense
- Führstrick, Seil oder Longe
- Handschuhe
- Gerte oder Peitsche
- Leckerlis
- Geduld ☺

LOS GEHT'S: FÜHRTRAINING

Wann es losgeht, bestimmst du. Du stehst links neben dem Pferd, seine Nase ist ungefähr auf Höhe deiner Schulter. Wenn du losgehst, soll auch dein Pferd antreten. Tut es das nicht, berührst du es leicht mit der Gerte.

Niemals das Pferd ohne Strick direkt am Halfter führen! Wenn dein Pferd sich losreißt, kann das schlimme Handverletzungen nach sich ziehen!

ABSOLUTES ÜBERHOLVERBOT!

Dein Pferd darf dich auf keinen Fall überholen. Versucht es das doch, wendest du deinen Oberkörper zum Pferd und hebst die linke Hand an. Wenn es darauf nicht reagiert, bewegst du die Gerte oder das Strickende vor dem Pferdekopf auf und ab.

NICHT TRÖDELN!

Dein Pferd darf aber auch nicht hinter dir her trödeln und sich von dir ziehen lassen. Es soll sich deinem Tempo anpassen. Dazu gehört später auch, dass es antrabt, wenn du losläufst. Seine Reaktionen sollen so prompt kommen, dass der Strick nie auf Zug ist, sondern immer leicht durchhängt.

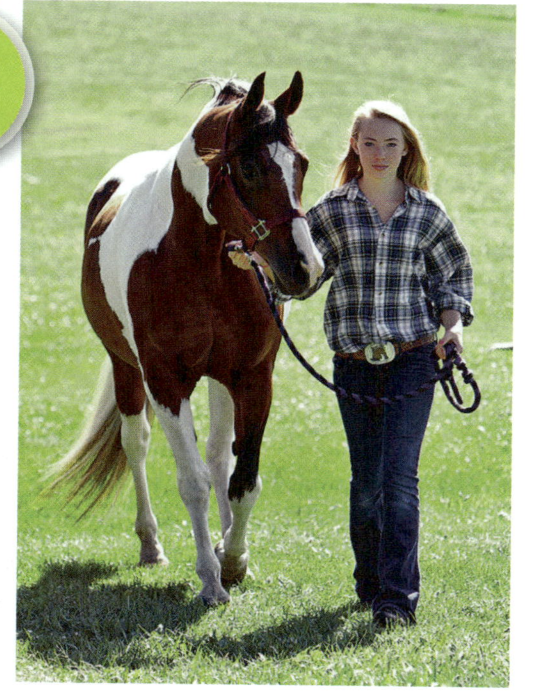

HALT HEISST HALT!

„Stopp!" – das ist eines der wichtigsten Kommandos im Umgang mit Pferden. Wenn du möchtest, dass dein Pferd stehen bleibt, muss es das auch unbedingt tun. Es darf nicht neben dir oder um dich herum tänzeln oder von alleine wieder loslaufen. Erinnerst du dich? Du bist der Chef. Wenn du stehen bleibst und „Halt" sagst, muss dein Pferd stehen! Tut es das brav, lobst und streichelst du es. Ist ja einfach, denkst du? Probiere es aus. Du wirst sehen, nicht jedem Pferd fällt das Stehenbleiben leicht!

Kein Kräftemessen!

Lass dich nie auf ein Kräftemessen mit dem Pferd ein. Der Vierbeiner wird immer als der Stärkere aus der Situation gehen und merkt sich das! Im schlimmsten Fall erreichst du damit, dass sich das Tier immer wieder mit dir anlegt – es hat gelernt, dass es stärker ist als du.

FÜHREN AUF DIE KOPPEL

Wenn du mit deinem Pferd am Boden gut gearbeitet hast, wird es dich auch auf dem Weg zur Koppel nicht überholen oder sich gar losreißen. Es geht brav neben dir her, bis du es auf die Weide entlässt, auch wenn es von seinen Kumpels sehnsüchtig angewiehert wird und das saftige Gras schon von Weitem lockt. Bei Pferden, die hier ungeduldig und ungehorsam sind, ist Konsequenz gefragt. Entlass das Pferd erst, wenn Du es in die Koppel geführt, das Tor geschlossen, dein Pferd etwas vom Zaun weggeführt und zum Gatter umgedreht hast. Bleibt es nun ruhig stehen, kannst du den Strick vom Halfter lösen. Jetzt darf dein Pony zu seinen Kumpels laufen.

RÜCK MIR NICHT AUF DIE PELLE!

Dein Pferd darf dich nicht anrempeln. Kommt es dir zu nahe, schickst du es mit freundlicher, aber bestimmter Körpersprache weg, indem du beispielsweise die Hand hebst. Reagiert es nicht, kannst du es mit der Gerte oder mit dem Strick leicht an der Brust oder an der Schulter antippen. Mit Pferden, die einfach weiterlaufen oder den Menschen bedrängen, muss man sehr konsequent sein und viel Führtraining machen. Freche und respektlose Tiere sollte man in die Hände eines erfahrenen Pferdeprofis geben. Sie müssen lernen, sich unterzuordnen.

PFERDEGERECHTER UMGANG

Ein *Horseman* (Pferdemensch) ist jemand, der Pferde ganz genau beobachtet und ihre Körpersprache zu deuten gelernt hat, um besser mit ihnen kommunizieren zu können. Auf diese Weise kann er die Sprache der Pferde selbst anwenden und die Führungsposition eines ranghöheren Pferdes einnehmen. Das Erfolgsrezept daran: Nicht das Pferd muss die vom Menschen gemachten Signale erlernen, sondern andersherum.

Halftern, Trensen und Satteln

Weißt du, wie man dem Pferd ein Halfter anzieht? Und kannst du ein Pferd trensen und satteln?

AUFHALFTERN

Bevor es ans Reiten geht, holst du dein Pferd aus der Box oder von der Weide. Dazu legst du ihm als Erstes ein Stallhalfter an. Nimm das Halfter dazu in die rechte Hand und stell dich auf die linke Seite des Pferdehalses. Nun führst du das Halfter unter dem Hals deines Pferdes hindurch und ziehst es dem Pferd mit der unteren Öffnung über die Nase. Dann legst du den oberen Teil des Halfters mit beiden Händen über den Pferdekopf und ziehst das Genickstück hinter die Ohren. Nun musst du nur noch den Karabinerhaken an der linken Backe schließen. Den Führstrick klinkst du in den mittleren Ring unten am Nasenteil des Halfters ein.

Zauberknoten?

Ein sicherer Knoten zum Anbinden von Pferden hält dem Zug vom Pferd stand, lässt sich aber im Notfall lösen, wenn du fest genug daran ziehst! Ist das Zauberei?

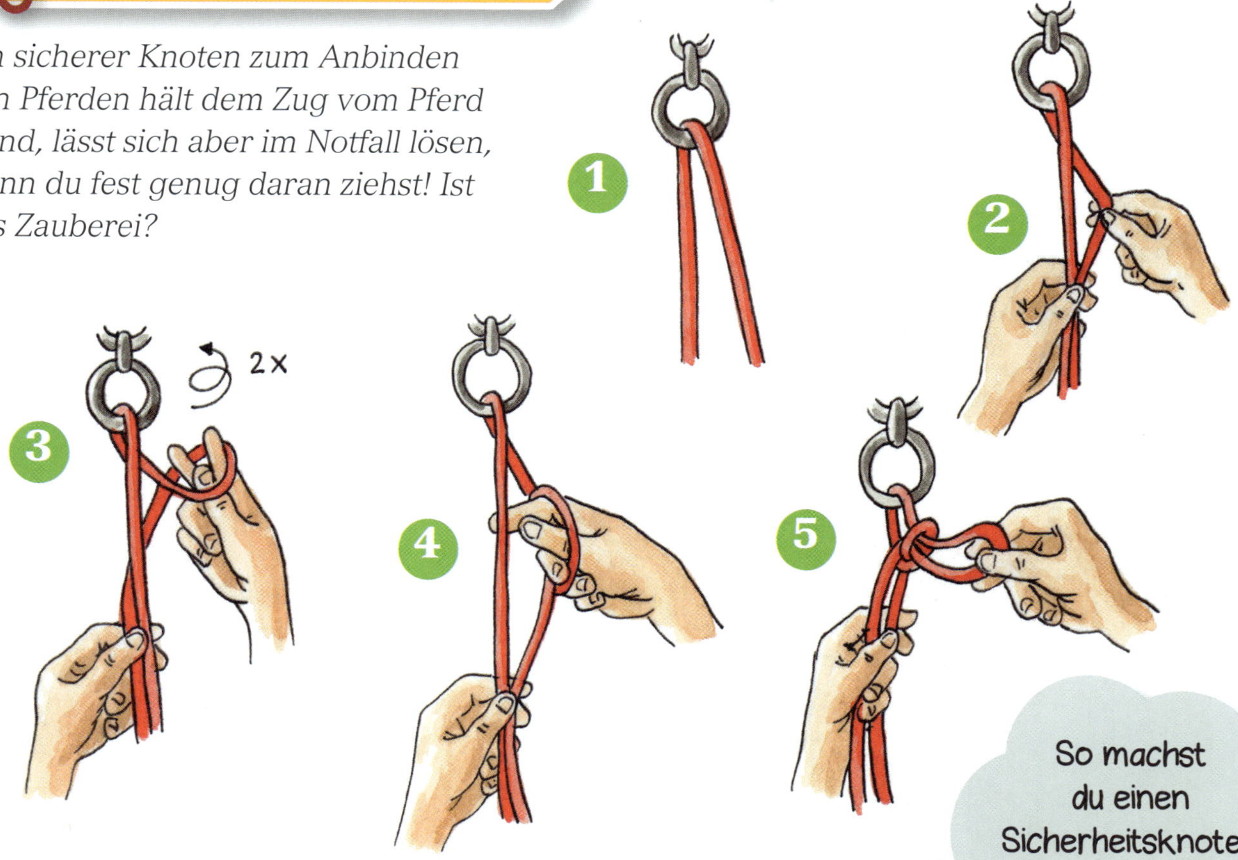

1

2

3

2 x

4

5

So machst du einen Sicherheitsknoten

So liegt der Sattel richtig.

SATTELN

Zum Satteln schwingst du den Sattel über den *Widerrist* und legst ihn sanft aufs Pferd. Nun ziehst du ihn nach hinten, bis er an der richtigen Stelle – knapp hinter dem Widerrist – liegt. Das kann dir deine Reitlehrerin oder dein Reitlehrer zeigen. Indem du den Sattel vom Widerrist nach hinten in die Sattellage ziehst, verhinderst du, dass das Fell unter dem Sattel entgegen der *Wuchsrichtung* liegt. Das ist wichtig, um *Satteldruck* zu vermeiden.

GURTEN

Wenn der Sattel in der korrekten Position liegt, gehst du auf die andere Seite deines Pferdes und überprüfst, ob auch dort alles richtig liegt. Als Nächstes nimmst du den Sattelgurt und lässt ihn an der rechten Seite des Pferdebauchs herunterhängen. Nun gehst du wieder auf die linke Seite und nimmst den Sattelgurt unter dem Bauch in die rechte Hand. Mit der linken Hand hältst du das Sattelblatt nach oben, sodass du die Gurtstrippen sehen kannst. Nimm die erste Strippe in die linke Hand und gurte erst nur locker an. Ein Englischsattel hat drei Strippen, der Sattelgurt zwei Schnallen. Es werden immer zwei Strippen festgegurtet. Gurte nun die zweite Strippe so fest, dass der Sattel nicht vom Pferd rutschen kann. Vor dem Aufsteigen ziehst du den Sattelgurt dann fester, damit der Sattel beim Aufsitzen nicht verrutscht.

Richtiges Gurten

WESTERNPFERDE SATTELN

Dass Westernsättel etwas anders aussehen, weißt du ja schon. Auch beim Satteln gibt es hier ein paar Unterschiede zu beachten. Das Westernpad wird zuerst ohne Sattel weit vorn auf den Rücken gelegt. Dann legt man den Sattel vorsichtig darauf und zieht alles nach hinten, bis der Sattel mit dem Pad in der Sattellage liegt. Westernsättel werden auch anders gegurtet.
So sieht die Gurtung bei Westernsätteln aus:

Satteldruck

Ein unpassender oder falsch aufgelegter Sattel verursacht dem Pferd Schmerzen. An den Stellen, wo der Sattel drückt, weil er zu eng oder zu weit ist, entwickelt das Pferd einen Satteldruck. Das ist eine ernst zu nehmende, schmerzhafte Verletzung. Weist ein Pferd Schwellungen oder offene Stellen auf, darf das Pferd nicht mehr geritten werden, bis die Verletzungen ausgeheilt sind. Außerdem muss ein Sattler kommen, um den Sattel dem Pferd genau anzupassen.

AUFTRENSEN

Um das Pferd aufzutrensen, stellst du dich genau wie beim Halftern links neben den Pferdehals. Das Halfter nimmst du ab, ziehst es aber über den Hals, sodass du das Pferd daran festhalten kannst, falls es beschließt, einfach loszulaufen. Nun nimmst du das Mundstück der Trense in deine linke Hand und das Lederzeug in die rechte. Mit der rechten Hand befindest du dich auf der rechten Seite des Pferdekopfes und das Mundstück schiebst du dem Pferd mit der linken Hand von unten ins Maul, ohne dabei gegen die Zähne zu schlagen. Wenn das Mundstück richtig im Pferdemaul liegt, ziehst du vorsichtig das Lederzeug über den Kopf und das Genickstück hinter die Ohren. Nun schließt du den Kehlriemen an der linken Pferdekopfseite und anschließend den Nasenriemen.

Westernzaum

Faustregeln beim Auftrensen

Damit die Trense weder zu fest noch zu locker am Pferdekopf liegt, gibt es ein paar wichtige Regeln zu beachten.

Eine Handbreit sollte zwischen dem Kehlriemen *und der Kehle des Pferdes Platz haben. Der* Nasenriemen *liegt etwa zwei Fingerbreit unter dem* Jochbein *und darf auf keinen Fall zu tief sitzen, weil er sonst die Atmung des Pferdes behindert.*
Der Sperrriemen *darf nicht zu eng verschnallt sein! Es reicht, wenn er gerade eng genug sitzt, dass er nicht verrutscht. Er darf die Pferdenase nicht einengen!*

Nie das Zaumzeug zu eng verschnallen! Hast du schon mal versucht, mit einer Nasenklammer Sport zu treiben?

Mund auf!

Macht das Pferd das Maul nicht auf, gibt es einen Trick: Schiebe deinen linken Daumen ganz außen in die linke Maulspalte des Pferdes. Dort hat das Pferd keine Zähne. Durch den Druck auf die Laden öffnet es das Maul und du kannst das Gebiss hineinschieben.

Auf- und Absitzen

Wer noch nie auf einem Pferd gesessen ist, hat es gar nicht so leicht, sich in den Sattel zu schwingen …

STEIGBÜGEL

Die Steigbügel geben dir mehr Halt im Sattel, sie helfen aber auch – wie der Name schon sagt – beim Aufsteigen. Bestimmt musstest du im Reitunterricht auch schon einmal ohne Bügel reiten. Dabei kannst du deinen Sitz überprüfen. Eine besonders anstrengende Übung ist das Leichttraben ohne Steigbügel.

DIE RICHTIGE STEIGBÜGELLÄNGE

Um die richtige Steigbügellänge herauszufinden, stellst du dich neben dein Pferd und ziehst den *Steigbügelriemen* mit der linken Hand heraus. Mit der rechten Hand fasst du den Steigbügelriemen ganz oben. Den Bügel hältst du mit der linken Hand unter deine rechte Achsel. Wenn du nun den rechten Arm gerade durchdrückst, soll der Steigbügelriemen nicht durchhängen. Dann stimmt die Länge. Trotzdem solltest du nach dem Aufsitzen noch einmal die Steigbügellänge überprüfen. Jemand kann dir dann von unten helfen, die Bügellänge noch um ein oder zwei Loch zu verstellen.

Aufsteighilfe, wozu …?

Um den Pferderücken zu entlasten, benutzt man eine Aufsteighilfe, *zum Beispiel einen kleinen stabilen Hocker.*

Aus der Reitersprache

Kennst du die Redewendung „etwas aus dem Stegreif tun"? Das Wort „Stegreif" ist ein veralteter Begriff für „Steigbügel". Es bedeutete früher, dass man etwas ohne lang zu überlegen – nämlich *ohne vom Pferd zu steigen –* tat. *Die Wendung hat sich bis heute gehalten, aber die wenigsten Leute sitzen heute noch auf dem Pferd, wenn sie etwas aus dem Stegreif tun …*

NACHGURTEN NICHT VERGESSEN

Bevor du aufsteigst, musst du den Sattelgurt noch einmal festziehen, damit der Sattel beim Aufsteigen nicht verrutscht. Beim Englischreiten gurtet man nach ein paar Schrittrunden noch einmal nach. Am Anfang brauchst du dazu Hilfe von jemandem am Boden. Aber mit etwas Übung kannst du das auch vom Sattel aus.

Nachgurten

WIE AUFSTEIGEN?

Man steigt immer in der Bahnmitte auf und ab, am besten in der Mitte eines Zirkels, wo man die anderen Reiter nicht stört. Du stellst dich auf die linke Seite des Pferdes mit dem Gesicht zum Widerrist und nimmst die Zügel in die linke Hand. Damit stützt du dich am Widerrist ab. Mit der rechten Hand hältst du das *Hinterzwiesel* (oder beim Westernsattel das *Cantle*) des Sattels fest. Nun stellst du deinen linken Fuß in den linken Bügel und ziehst dich mit Schwung hinauf. Nicht die Fußspitze in den Pferdebauch drücken, das könnte das Pferd als Aufforderung zum Losgehen verstehen. Das rechte Bein schwingst du so über den Pferderücken, dass du nicht mit dem Fuß die Kruppe berührst. Dann lässt du dich vorsichtig in den Sattel gleiten, sortierst deine Zügel und überprüfst die Bügellänge.

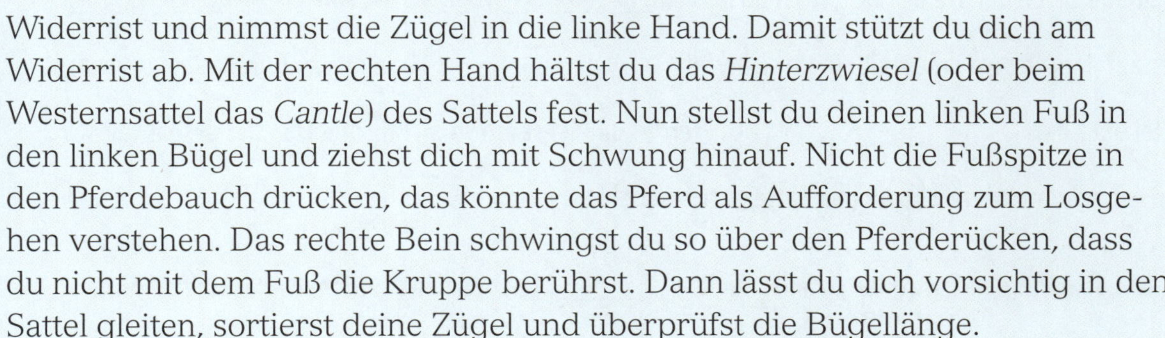

Ab und zu kannst du auch von rechts aufsteigen, um dein Pferd nicht zu einseitig zu belasten.

Der richtige Sitz

SICHER ABSTEIGEN

Zum Absteigen aus dem Englischsattel nimmst du beide Füße aus den Steigbügeln und schwingst das rechte Bein über die Kruppe nach links. Dann lässt du dich vorsichtig am Pferd heruntergleiten. Achte vorm Absteigen darauf, dass du mit deinem Pferd niemandem im Weg stehst und dass dein Pferd wirklich brav steht. Die Westernreiter lassen den linken Fuß im Bügel, bis sie mit dem rechten Bein auf dem Boden stehen.

Lückentext: Von der Weide in die Reitbahn

In diesem Text fehlen einige Begriffe. Kannst du sie richtig einsetzen?

Mundstück | Fußspitze | Genickstück | Aufsteigen | Führstrick

Widerrist | Hals | Zähne | Sattelgurt

links | Steigbügel | Knoten | Nasenriemen | Halfter

Wenn du dein Pferd von der Weide holst, legst du ihm ein ______________ an. Am ______________ führst du es auf den Hof, wo du es mit einem sicheren ______________ anbindest. Zum Satteln schwingst du den Sattel über den ______________ des Pferdes und legst ihn vorsichtig auf. Der Sitz des Sattels wird von beiden Seiten kontrolliert, ehe du den Sattelgurt festziehst.

Um dein Pferd aufzutrensen, stellst du dich ________ neben den Pferdehals. Das Halfter nimmst du ab, legst es aber so über den ________, dass du das Pferd zur Not daran festhalten kannst. Das ______________ der Trense nimmst du in deine linke Hand und das Zaumzeug in die rechte. Ohne dem Pferd dabei gegen die ______________ zu schlagen, schiebst du vorsichtig das Mundstück ins Maul. Im Anschluss ziehst du das Lederzeug über den Kopf und das ______________ hinter die Ohren. Zum Schluss schließt du den Kehlriemen an der linken Pferdekopfseite und anschließend den ______________.

Die Steigbügel geben nicht nur mehr Halt im Sattel, sie helfen auch beim ______________. Bevor du das tust, musst du zuerst den ______________ noch einmal überprüfen und festziehen. Zum Aufsitzen wird das Pferd in die Mitte der Bahn geführt. Wenn du dich auf das Pferd schwingst, solltest du aufpassen, nicht deine ______________ in den Pferdebauch zu bohren, da es dies als Aufforderung zum Loslaufen verstehen könnte. Sobald du im Sattel sitzt, überprüfst du zuerst die Länge deiner ______________. Jetzt kann es losgehen!

Welches Pferd steht in welcher Box?

Benutze die folgenden fünf Hinweise, um die Pferde in die richtige Box zu bringen.
Klebe die Namen an die richtige Stelle.

1. **Max steht auf der rechten Stallseite gegenüber von Fanny.**
2. **Stella steht auf der linken Seite gegenüber von Prinz.**
3. **Max steht weiter oben als Prinz.**
4. **Fanny steht weiter unten als Kaspar.**
5. **Ida und Fanny stehen nicht auf derselben Stallseite.**

Gangarten

Ein Pferd kann sich in den Gangarten *Schritt*, *Trab* und *Galopp* fortbewegen. Gangpferde haben häufig zusätzliche Gangarten: den *Pass* und den *Tölt*.

SCHRITT

Wenn du reiten lernst, beginnst du zunächst an der *Longe* im Schritt. Dein Reitlehrer erklärt dir, wie du dich auf dem Rücken ausbalancierst und mit den Bewegungen deines Pferdes mitgehst. Der Schritt ist ein *Viertakt*. Die vier Füße des Pferdes fußen nacheinander so auf:

TRAB

Wenn du dich im Schritt auf dem Pferderücken sicher fühlst, werdet ihr langsam mit dem Traben beginnen. Der Trab ist ein *Zweitakt*. Die Füße deines Pferdes fußen so auf:

Jog

Westernpferde haben neben dem normalen Trab (Trot) auch noch den langsameren Jog. Beim Jog ist die Schwebephase verkürzt, wodurch der Rücken weniger Bewegung hat. Auf diese Weise kann der Reiter bequemer sitzen.

Auf der Weide bewegen sich Pferde größtenteils im Schritt von Grasbüschel zu Grasbüschel. Wenn dein Pferd dir auf der Weide entgegenkommt, kannst du dich glücklich schätzen! Es mag dich und freut sich über deinen Besuch.

3 + 2 = 5

Ein Pferd, das neben den drei *Grundgangarten* Schritt, Trab und Galopp noch *Pass* und *Tölt* beherrscht, nennt man *Fünfgänger* – es kann sich in fünf Gangarten fortbewegen. Solche sogenannten *Gangpferde* sind zum Beispiel *Isländer, Töltende Traber* oder das *American Saddlebred*.

AUSSITZEN

Im Trab kann man *aussitzen* oder *leichttraben*. Beim Aussitzen bleibst du im Sattel sitzen und gehst locker mit den Bewegungen des Pferdes mit. Es dauert eine Weile, bis du das richtige Gefühl dafür hast. Setze dich hierfür tief in den Sattel, spann deinen Bauch leicht an und bleib möglichst locker in der Hüfte.

LEICHTTRABEN

Beim Leichttraben sitzt du ein, wenn das innere Vorderbein nach vorn schwingt. Ist das äußere Pferdebein vorne, stehst du ein kleines Stück vom Sattel auf. Keine Sorge, das klingt kompliziert, aber das Pferd wird dir mit seiner natürlichen Schwingbewegung Hilfestellung geben und das Aufstehen und Einsitzen kommt mit etwas Übung fast von ganz allein!

JUHU, WIR GALOPPIEREN!

Die schnellste Gangart des Pferdes und das schönste Erlebnis überhaupt beim Reiten: der Galopp. Du spürst die Kraft und den Schwung des Pferdes unter dir, und wenn du den Dreh einmal raus hast, schwingst du einfach mit – das ist schöner als Fliegen! Die Fußfolge im Linksgalopp sieht so aus:

Reiten in der Bahn

Im Reitunterricht wird nicht stur immer geradeaus geritten. Das wäre für Pferd und Reiter langweilig. Die eigentliche Kunst besteht darin, das Pferd auf gebogenen Linien, Schlangenlinien und in Richtungswechseln zu reiten.

BAHNPUNKTE

Wenn du in der Bahn reitest, gibt dein Reitlehrer dir Anweisungen, was du tun sollst: nämlich *Bahnfiguren* reiten. Wenn er dir zuruft: „Durch die Länge der Bahn wechseln", musst du von A nach C reiten – oder umgekehrt. Möchte er einen „Wechsel durch die ganze Bahn", reitest du auf der rechten Hand von K nach M beziehungsweise von M nach K und auf der linken Hand von H nach F oder von F nach H. Beide Bahnfiguren beinhalten einen *Handwechsel*. Das heißt, wenn du vorher linksherum geritten bist, reitest du nach Beenden der Bahnfigur rechtsherum weiter.

ALLE KÜHE ESSEN HEU ...

Wie bitte? Alle Kühe tun was? Ach so! Das ist der Merksatz (mit einem kleinen Rechtschreibfehler), mit dem man sich die Reihenfolge der Bahnpunkte besser merken kann:
Alle **K**ühe **E**ssen **H**eu **C**älber **M**ögen **B**esseres **F**utter
Ein anderer Merksatz ist:
Mein **B**ester **F**reund **A**nton **K**ann **E**inen **H**eben, **C**heerio!

Du findest beide Merksätze nicht so toll?
Dann denk dir doch deinen eigenen aus!

A___ **K**___ **E**___ **H**___ **C**___ **M**___ **B**____ **F**____

Hufschlag

Die Spur, auf der das Pferd an der Bande entlanggeht, heißt Hufschlag. *Direkt neben der Bande verläuft der erste Hufschlag. Weiter innen ist der zweite Hufschlag und so weiter.*

BAHNFIGUREN

Für deine ersten Reitstunden ist es hilfreich, wenn du die Bahnfiguren kennst. Hier sind einige zum Einprägen:

Ganze Bahn: Du reitest auf dem ersten Hufschlag an der *Bande* entlang. Schwieriger ist es, auf dem zweiten oder dritten Hufschlag zu reiten, weil dein Pferd sich nicht mehr an der Bande „anlehnen" kann und du es mit deinen Hilfen besser begrenzen und exakter lenken musst.

Zirkel: Ein *Zirkel* ist rund, kein Ei! Ach so, das weißt du? Na, dann versuch's mal. Einen schönen, gleichmäßig runden Zirkel zu reiten, ist alles andere als einfach!

Aus dem Zirkel wechseln: Zwischen zwei Zirkeln liegt der Punkt X. Kurz bevor du auf dem Rechtszirkel bei X ankommst, drehst du deinen Oberkörper leicht nach links. Gleichzeitig stellst du dein Pferd mit den Zügeln in die neue Bewegungsrichtung. Die rechte, also neue äußere Wade liegt verwahrend, etwa eine Handbreit hinter dem Sattelgurt. So reitest du nun auf den Linkszirkel. Diese Bahnfigur beinhaltet einen Handwechsel. Wenn du mit *Gerte* reitest, nimmst du diese nach dem Wechsel von rechts nach links in die neue innere, in diesem Fall linke Hand.

Wie im Straßenverkehr müssen in der Reitbahn Regeln eingehalten werden. Wenn du auf der linken Hand *reitest, also die Bahnmitte zu deiner Linken liegt, hast du Vorfahrt. Wenn du aber Schritt reitest, musst du trotzdem allen schnelleren Reitern ausweichen! Außerdem gilt: Ganze Bahn vor Zirkel.*

Schritt, Trab, Galopp

Welche Antwort ist korrekt? Streiche das falsche Wort im Satz durch.

1.

Die Gangart Schritt ist ein **Viertakt / Zweitakt**.

4.

Isländer / Araber sind Gangpferde.

2.

Die meisten Pferde können **drei / fünf** Gangarten.

5.

Im Galopp bewegt sich das Pferd sehr **schnell / langsam**.

3.

Auf der Weide bewegen sich Pferde im **Trab / Schritt**.

6.

Eine der zusätzlichen Gangarten heißt **Trab / Tölt**.

Klebe für jede der Hauptgangarten den passenden Sticker ein.

Trab

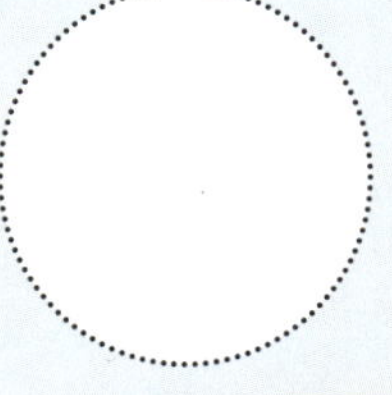

Schritt

Galopp

Kreuzworträtsel

Weißt du die Antworten? Die Buchstaben in dem blauen Rahmen ergeben das Lösungswort.

1. schwarzes Pferd
2. sehr junges Pferd
3. männliches, nicht kastriertes Pferd
4. mittelschnelle Gangart
5. höchste Stelle des Pferderückens
6. ähnlich wie eine Schabracke
7. eingezäunter Auslauf fürs Pferd
8. Nasenlöcher beim Pferd
9. Seil, an dem das Pferd im Kreis geführt wird
10. kleinste Pferderasse
11. ältere Stute, die eine Herde anführt

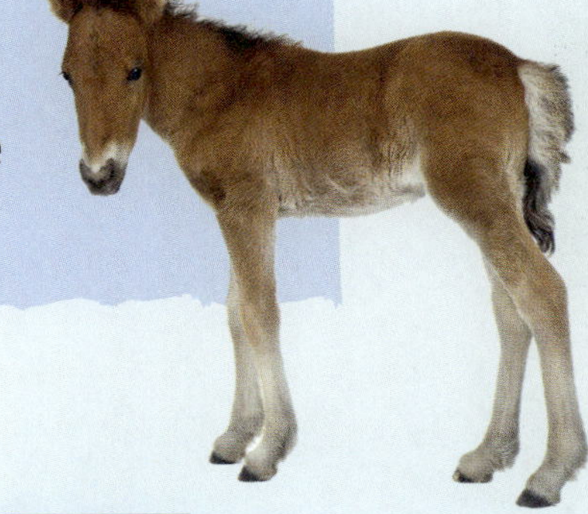

Hast du alle Rätselfragen lösen können?

Dann bist du ein echter _ _ _ _ _ _ _ _ _ _ _ **!**

SPEZIAL

Pferde-Tagebuch führen

Du erlebst so viele schöne Dinge mit deinem Lieblingspferd und möchtest dich am liebsten noch in 50 Jahren an alles erinnern, als wäre es gestern gewesen? Du schreibst gerne und hebst jeden Schnipsel rund ums Pferd auf? Du machst gerne viele Fotos von deinem geliebten Vierbeiner? Dann ist ein Pferde-Tagebuch das Richtige für dich!

AUF PAPIER ODER ELEKTRONISCH ...

Tagebuch schreiben kannst du auf Papier, also in einem „echten“ Tagebuch, oder am Computer. Dort kannst du entweder nur für dich schreiben oder auch online, vielleicht helfen dir deine Eltern, einen Blog einzurichten. Es gibt auch Internetforen, in denen Pferdebesitzer, Reitbeteiligungen und begeisterte Pferdefreunde von sich und ihren Pferden berichten.

WAS SCHREIBEN?

Das Schöne beim Tagebuchschreiben ist: Du kannst schreiben, was du willst! Und wenn du mal an einem Tag keine Lust hast, den Stift in die Hand zu nehmen oder deinen Laptop einzuschalten, nimmt es dir auch keiner übel. Du kannst einfach alles aufschreiben, was dir einfällt, und schöne oder kuriose Erlebnisse für immer festhalten.

Klick!

Nimm bei besonders gutem Wetter immer eine Kamera oder dein Smartphone mit. So kannst du jederzeit schöne Fotos machen und diese dann für deine Freunde online stellen oder ausdrucken und in dein Tagebuch einkleben.

NIE OHNE FOTOGRAFEN ...

Dein erstes Turnier steht bevor oder ihr plant einen ausgedehnten Ausritt in einer größeren Gruppe? Organisiert euch unbedingt jemanden, der Fotos macht. Wie schade wäre es, wenn die Erinnerungen an den großen Tag verloren gingen ...

Schweifhaar-Lesezeichen

Für dein Tagebuch kannst du dir ein ganz besonderes Lesezeichen basteln. Schneide dafür deinem Pferd vorsichtig eine ungefähr 20 Zentimeter lange Strähne aus dem Schweif. Wenn es nicht dein Pony ist, musst du unbedingt um Erlaubnis fragen! Nimm eine Strähne von ganz unten und in der Mitte des Schweifs, sodass die fehlenden Haare nicht auffallen. Das obere Ende der Strähne fixierst du mit durchsichtigem Klebeband. Ein paar einzelne Schweifhaare nimmst du nun vorsichtig zwischen zwei Finger und wickelst sie von oben nach unten um die Strähne. Etwa drei Zentimeter über dem Strähnenende knotest du sie fest und fixierst den Knoten mit etwas Klebeband. Wenn du kreativ bist, kannst du das Schweifhaar-Lesezeichen ganz individuell verzieren und zum Beispiel eine bunte Holz- oder Glasperle aus einem Schmuckbastel-Set oder eine Feder mit einflechten.

Berufe mit Pferden

Das Hobby rund ums Pferd ist eines der spannendsten, die es gibt! Und wie sagt man so schön: „Wer sein Hobby zum Beruf macht, muss nie wieder arbeiten ..."

ARBEITEN MIT PFERDEN

Es gibt viele verschiedene Berufe, die mit Pferden zu tun haben. Einige hast du in diesem Buch schon kennengelernt: Tierarzt, Hufpfleger, Hufschmied, Reitlehrer, Bereiter ... Dann gibt es noch Bodenarbeitstrainer, Pferdepsychologen, Pferde-Physiotherapeuten, -chiropraktiker und -osteopathen, Filmpferdetrainer, Pferdesportfachverkäufer, Pferdeheilpraktiker, Sattler, Pensionsstallbetreiber, Pferdewirte ...

Lilly, 18, Pferdewirt-Azubi

Hallo, ich bin Lilly! Ich mache gerade meine Ausbildung zum Pferdewirt mit Schwerpunkt Reiten. Nach meinem Schulabschluss stand für mich eines fest: Ich möchte auch beruflich mit Pferden zu tun haben, denn sie sind meine große Leidenschaft! Die Ausbildung dauert drei Jahre. An meinem Ausbildungsstall fühle ich mich richtig wohl, wir sind ein super Team, das immer zusammenhält. Manchmal ist es anstrengend, aber den ganzen Tag am Schreibtisch sitzen ... das wäre nichts für mich!

Hans, 47, Hufschmied

Mein Name ist Hans. Ich beschlage seit 23 Jahren Pferdehufe. Davor war ich als Schlosser tätig. Pferde liebe ich schon seit meiner Kindheit und so machte ich die Zusatzausbildung zum Hufschmied.
Es ist schon manchmal sehr viel Arbeit und abends tut mir der Rücken weh. Aber die dankbaren Pferdebesitzer und die freundlichen Augen meiner vierbeinigen Kunden erfreuen mich jeden Tag aufs Neue!

Lena, 34, Westerntrainerin und Bereiterin

Nichts macht mehr Spaß, als den eigenen Reitschülern und *Berittpferden* bei ihren Fortschritten zuzusehen. Ich bin mobile Trainerin, das heißt, ich fahre zu meinen Reitschülern und ihren Pferden an den Stall. Mein großer Traum ist es, mich eines Tages mit meinem eigenen Trainingsstall niederzulassen.

Christine, 42, Tierärztin

Ob ihr's glaubt, oder nicht! Ich wollte schon als kleines Mädchen immer Tierärztin werden! Das Studium der Tiermedizin war manchmal ganz schön hart, aber es hat sich gelohnt: Jetzt habe ich den schönsten Beruf der Welt.

Ein Falabella-Pony und ein Shire Horse

Rekorde und Unglaubliches

Wie groß ist das größte Pferd der Welt? Wie hoch kann ein Pferd springen? Und gibt es Pferde, die älter als fünfzig Jahre werden?

DAS KLEINSTE PFERD DER WELT

Die kleinsten Pferde, die es gibt, sind die Falabella-Ponys und die American Miniature Horses. Falabellas haben ein Stockmaß von ungefähr bis zu 80 Zentimetern. Sie gehen einer stattlichen Deutschen Dogge, deren männliche Vertreter ab 80 Zentimeter hoch sind, gerade bis zum Kinn. Das kleinste derzeit lebende Pferd der Welt ist ein American Miniature Horse. Es ist im US-amerikanischen Bundesstaat Missouri zu Hause. „Thumbelina" (Däumelinchen) ist nur 44 Zentimeter groß. „Little Pumpkin" war ein Falabella-Hengst, der 1973 gerade einmal knapp über 35 Zentimeter maß und dessen überschaubare Körpergröße bislang nicht unterboten werden konnte!

DAS GRÖSSTE PFERD DER WELT

Als die größten Pferde gelten die Shire Horses. Sie sind gar nicht alle so riesig, aber das größte Exemplar dieser Rasse war fast 2,20 Meter groß und wog mehr als 1,5 Tonnen. Unter so einem Riesen könnten sich zwei Falabellas problemlos übereinanderstapeln!

Und mein Sternchen hält den Rekord des liebsten und süßesten Ponys der Welt!

DAS ÄLTESTE PFERD DER WELT

1822 starb das bislang älteste Pferd der Welt, „Old Billy", mit 62 Jahren! Es lebte in England und war ein Shire-Horse-Welsh-Cob-Mix.

SCHNELLER ALS DER WIND ...

Der bis heute ungeschlagene Rekord wurde von dem Quarter-Horse-Wallach „Evening Star" im Jahre 1994 aufgestellt. Er lief die Distanz von 440 Yards (400 Meter) in 21 Sekunden. Die gemessene Spitzengeschwindigkeit betrug dabei mehr als 72 Kilometer pro Stunde. Die absolute Höchstgeschwindigkeit eines Quarter Horses wurde von der American Quarter Horse Association (AQHA) bei fast 80 Kilometern pro Stunde gemessen.

Beim Trabrennen beträgt der derzeitige Rekord 1000 Meter in weniger als 60 Sekunden. Übrigens verliert ein Traber auf einer Distanz von einer Meile (das sind etwa 1,6 Kilometer) fünf bis 15 Kilogramm seines Körpergewichts in Form von Wasser!

WER SPRINGT AM HÖCHSTEN?

Erinnerst du dich an das Kapitel über das Springreiten? Dort hast du bereits „Heatherbloom" kennengelernt, die 1902 mit Richard „Dick" Donnelly über ein Hindernis von unglaublichen 2,50 Metern sprang. Die beiden halten damit seitdem den Rekord.

WER IST DER STÄRKSTE?

Unvorstellbar! Das Brauereipferd „Monti" hat 1984 ein Gewicht von sage und schreibe 44 Tonnen gezogen und gilt damit als das stärkste Pferd der Welt!

Pferde, Pferde, Pferde!

Pferde sind so vielseitig! Man kann sie nicht nur reiten, das hast du jetzt schon gelernt. Aber was Pferde noch alles können, liest du hier!

POLIZEIPFERDE

Pferde, die bei der berittenen Polizei „angestellt“ sind, haben einen ganz besonders wichtigen Job. Sie werden so ausgebildet, dass sie selbst bei großen Unruhen und Lärm wie zum Beispiel bei Demonstrationen oder anderen Massenveranstaltungen ruhig bleiben. Selbst der Abschuss einer Waffe direkt neben ihnen macht ihnen nichts aus.

BRAUEREIPFERDE

Für das Ziehen von schweren Brauereiwagen bei festlichen Umzügen wie zum Beispiel beim Oktoberfest in München werden schwere Kaltblüter eingesetzt. Sie können unvorstellbar schwere Lasten ziehen. Sie werden festlich geschmückt und von den Zuschauern bewundert!

KUTSCHPFERDE

In einigen Städten fahren noch Kutschen durch die Straßen. Sie dienen natürlich nur als Touristenattraktion und nicht der normalen Fortbewegung wie der Bus oder die Bahn. Wien zum Beispiel ist besonders berühmt für seine „Fiaker“.

QUIZ

Ein „Fiaker“ ist eine zweispännige Kutsche, mit der man gegen Bezahlung durch die Stadt fahren kann. Aber was bekommt man, wenn man sich in ein gemütliches Wiener Kaffeehaus kutschieren lässt und einen „Fiaker“ bestellt?

a) Eine Limonade mit Eiswürfeln
b) Eine Wiener Kaffeespezialität
c) Ein Wiener Würstchen mit Senf

Lösung: b)

THERAPIEPFERDE

Manche Pferde werden extra dafür ausgebildet, um als Therapiepferd für Menschen mit körperlichen und psychischen Problemen eingesetzt zu werden. Pferde haben auf Menschen eine so positive Wirkung, dass ihr Einsatz die Heilung beschleunigen oder Beschwerden lindern kann.

RENNPFERDE

Es gibt verschiedene Arten von Pferderennen: Beim *Galopprennen* erreichen die Pferde Geschwindigkeiten um die 60 bis 70 km/h. Beim *Trabrennen* dürfen die Pferde nicht in den Galopp fallen, die dafür eingesetzten Pferde (*Traber*) werden extra dafür gezüchtet. Beim *Skijöring* ziehen die Rennpferde Skifahrer hinter sich her. Und dann gibt es noch besondere Rennen für Gangpferde, die nur im *Pass* oder *Tölt* abgehalten werden.

FILMPFERDE

In vielen Filmen kommen Pferde vor. Meist müssen sie keine große schauspielerische Leistung vollbringen. Manchmal aber doch. Wenn zum Beispiel ein Pferd auf Kommando seinen Reiter abwerfen muss, ist ein einfühlsamer Filmtrainer gefragt, der mit dem Pferd die gewünschte Szene so lange probt, bis sie im Kasten ist. Für den Film „Der Pferdeflüsterer" engagierte Regisseur und Schauspieler Robert Redford den berühmten amerikanischen Pferdetrainer Buck Brannaman für die Betreuung der Filmpferde und ließ sich von ihm den Umgang mit Pferden zeigen.

Lösungen

Seite 12
Die Anatomie eines Pferdes

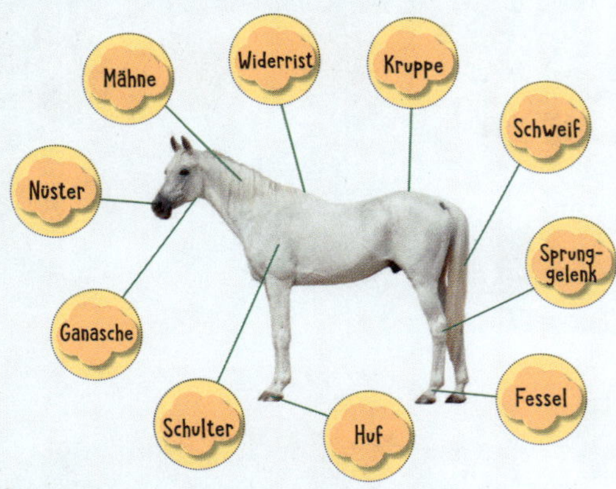

Weißt du das noch?
In der Fachsprache wird das Äußere eines Pferdes **Exterieur** genannt. Spricht man vom **Interieur**, meint man damit seinen Charakter.

Seite 13
Welche Rasse ist hier gesucht?

1. Falabella

2. Schleswiger Kaltblut

3. Shire Horse

4. Haflinger

5. Bayerisches Warmblut

6. Englisches Vollblut

Drei Fragen, drei Antworten
1. c) mit sechs Jahren; **2.** c) über 200;
3. b) 1,48 Meter

Seite 20
Suchsel

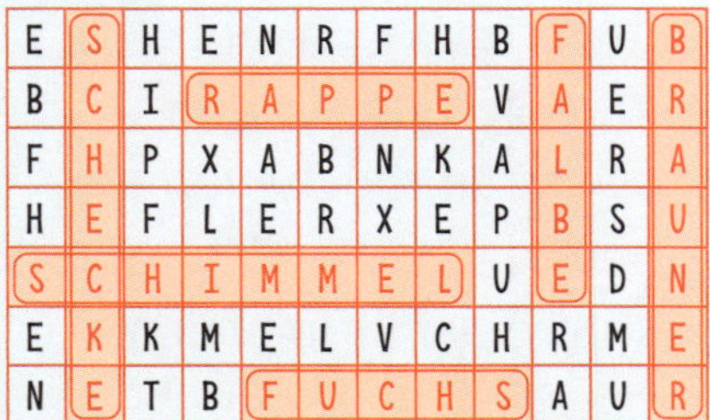

Falbe
Fuchs
Schimmel
Rappe
Brauner
Schecke

Schattenbilder

Seite 21
Abzeichen

Blesse
Stern
Flocke
Laterne
Keilstern
Schnippe

Mit allen Sinnen
Wenn es hell ist, sehen Pferde auch Farben, aber nicht das gleiche breite Spektrum, das wir Menschen wahrnehmen können.
Pferde schnuppern, um Informationen zu bekommen.
Pferde schmecken mehr als dreimal besser als Menschen.
Pferde können sehr hohe Töne hören, die wir Menschen nicht wahrnehmen.
Pferde frieren und stellen dann ihre Fellhaare auf.

Seite 32
Fellpflege

1. Hufkratzer

2. Striegel

3. Schwamm

4. Kopfbürste

5. Wurzelbürste  6. Mähnenbürste 

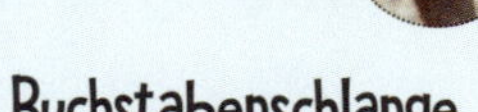
7. Kardätsche

Buchstabenschlange

Decke, Bandagen, Trense, Schabracke, Sattel, Halfter, Zügel, Longe

Seite 33
Sudoku

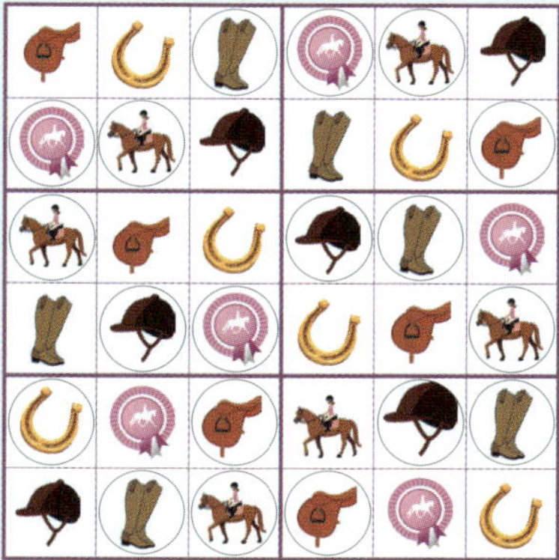

Seite 42
Wahr oder falsch?

1. falsch, **2.** falsch, **3.** wahr,
4. wahr, **5.** wahr, **6.** falsch

Labyrinth

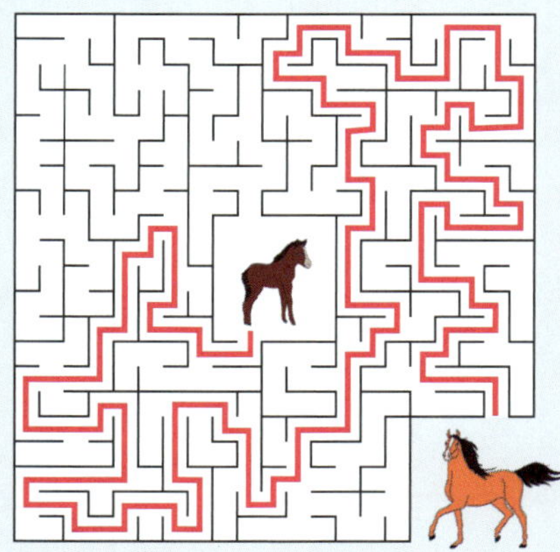

Seite 43
Welches Pferd frisst was am liebsten?

Hier muss jeder zweite Buchstabe weggestrichen werden.

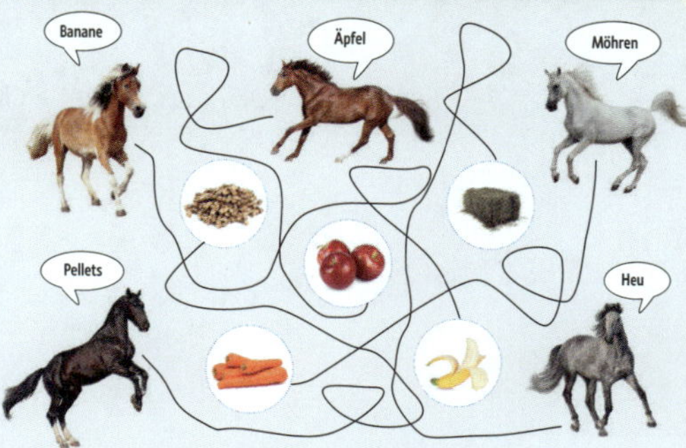

Pferdefutter

Raufutter: Heu; **Kraftfutter:** Hafer, Pellets;
Saftfutter: Möhre, Apfel, Gras

Seite 54
Lückentext: Von der Weide in die Reitbahn

Halfter – Führstrick – Knoten – Widerrist – links – Hals – Mundstück – Zähne – Genickstück – Nasenriemen – Aufsteigen – Sattelgurt – Fußspitze – Steigbügel

Seite 55
Welches Pferd steht in welcher Box?

Seite 60
Schritt, Trab, Galopp

1. Viertakt; 2. drei; 3. Schritt; 4. Isländer; 5. schnell; 6. Tölt

 **Schritt**  **Trab** **Galopp**

Seite 61
Kreuzworträtsel

1. RA**P**PE; **2. F**OHLEN; **3.** H**E**NGST; **4.** T**R**AB;
5. WI**D**ERRIST; **6.** SATT**E**LDECKE; **7.** KOP**P**EL;
8. NUESTE**R**N; **9.** L**O**NGE; **10. F**ALABELLA;
11. LE**I**TSTUTE
Dann bist du ein echter **PFERDEPROFI**!

REGISTER

Aalstrich • 15
Absitzen • 52 f.
Abzeichen • 15
Anatomie • 4 ff.
Aufhalftern • 48
Aufsitzen • 52 f.
Auftrensen • 50 f.
Augen reinigen • 26
Aussitzen • 57

Bahnfiguren • 59
Bay • 14
Beinschutz • 31
Black (Rappe) • 14
Blesse • 15
Bodenarbeit • 44 ff.
Boots • 34
Brauereipferde • 68
Brauner • 14

Chapsletten • 35
Chestnut • 14

Dun • 14
Dunkelfuchs • 14

Englischsattel • 29, 49, 53
Exterieur • 4

Falbe • 14
Fellfarben • 8 ff.
Fellpflege • 24
Filmpferde • 69
Flehmen • 17
Flocke • 15
Freundschaft (Pferd) • 17
Fuchs • 14
Führtraining • 45

Galopp • 57
Gangarten • 56 f.
Ganze Bahn • 58 f.
Gebiss • 6, 30, 51
Gray • 14
Gurten • 49

Halfter • 28 ff., 45 f., 48 ff.
Handschuhe • 36
Helm • 34
Herdentrieb • 17
Herdenverhalten • 16 ff.
Hilfszügel • 30
Horseman • 47
Huf • 4 f., 38 f.
Hufeisen • 38 f.
Hufkratzer • 24 f., 39
Hufschlag • 59
Hufschmied • 38, 64 f.
Hufschuhe • 39

Isabell • 14

Jog • 56

Kaltblut • 11
Kardätsche • 24 f.
Keilstern • 15
Kommunikation • 22 ff.
Kopfbürste • 24, 26
Körpersprache • 23 ff.
Kronrand • 15
Kutschpferde • 68

Laterne • 15
Leichtraben • 57
Leithengst • 16
Leitstute • 16
Longe • 28, 30, 44 f., 56

Mähne (Pflege) • 26
Milchzähne • 6

Nachgurten • 53
Nüstern reinigen • 26

Offenstall • 31

Palomino • 14
Pferderassen • 8 ff.
Pferdewirt • 64
Polizeipferde • 68
Putzen • 24 ff.

Rangordnung • 17, 22
Rappe • 14
Reithose • 35
Reitstiefel • 35
Rennpferde • 69
Rotbrauner • 14

Satteln • 48 f.
Satteldecke • 29
Schabracke • 29
Schecke • 14
Schimmel • 14
Schnippe • 15
Schritt • 56
Schwarzbrauner • 14
Schweif (Pflege) • 26
Sicherheitsknoten • 48
Skelett • 5
Sorrel • 14
Sporen • 36
Steigbügel • 52 f.
Stimmkommando • 23
Striegel • 24 f.

Therapiepferde • 69
Trab • 56
Trabrennen • 67, 69
Trense • 6, 29 f., 44 f., 48 ff.

Verdauung • 7, 40 f.
Verhaltensweisen • 16 ff.
Vollblut • 11

Warmblut • 11
Westernrassen • 14
Westernsattel • 29, 50, 53
Wurzelbürste • 24, 26

Zahnarzt • 6
Zebrastreifen • 15
Zirkel • 59